BENJAMIN
HAAS

TATORT
KINDERZIMMER

Warum Männer zu (Online-)Tätern werden

novum 📖 pro

Dieses Buch ist auch als
e-book
erhältlich.

w w w . n o v u m v e r l a g . c o m

Bibliografische Information
der Deutschen Nationalbibliothek:

Die Deutsche Nationalbibliothek
verzeichnet diese Publikation in
der Deutschen Nationalbibliografie.
Detaillierte bibliografische Daten
sind im Internet über
http://www.d-nb.de abrufbar.

© 2024 novum Verlag

ISBN 978-3-99146-859-2
Lektorat: PCR
Umschlagfoto: Ingrid Horvath
Umschlaggestaltung, Layout & Satz:
novum Verlag

www.novumverlag.com

Druckprodukt mit finanziellem
Klimabeitrag
ClimatePartner.com/16547-2311-1001

INHALTSVERZEICHNIS

WICHTIGER HINWEIS

Dieses Buch handelt von Fällen des schweren sexuellen Missbrauchs an Minderjährigen. Dabei werden auch Abbildungen und Handlungen beschrieben. Diese können für manche Personen sehr belastbar sein und in weiterer Folge traumatische Erlebnisse wieder hervorrufen. In diesen Fällen ist es ratsam, mit einer zweiten Person darüber zu sprechen. Ebenso wird das Thema „Suizid" erwähnt, wodurch es ebenfalls zu traumatischen Situationen bei manchen Leserinnen und Lesern kommen kann.

Alle fünf Fallbeispiele haben sich tatsächlich so ereignet. Zum Schutz der handelnden Personen (Täter und Opfer, sowie deren Familien, Freunde, Arbeitgeber, Nachbarn etc.) wurden die Namen sowie das Alter geändert. Zusätzlich wurden Straßenbezeichnungen und spezifische Namen aus dem Umfeld des Beschuldigten umbenannt. Anhand der veränderten Details in den einzelnen Kapiteln können somit keinerlei Rückschlüsse auf einzelne Personen und Fälle gezogen werden.

Einzelne Ermittlungsschritte bleiben aus kriminaltaktischen Gründen bewusst unerwähnt bzw. werden entsprechend verändert dargestellt. Dies dient einzig und allein der weiteren Verfolgung der zukünftigen Straftaten.

Die geschilderten Fälle konzentrieren sich hauptsächlich auf die Ermittlungsarbeit sowie die abschließenden Vernehmungen und Berichterstattungen an die Staatsanwaltschaften. Die Quelle der Informationen entstammen von Tätern, ErmittlerInnen, sowie von anderen Beteiligten. Alle mir nicht bekannten Ereignisse finden keine Erwähnung in den Kapiteln.

Aufgrund der Einfachheit und um Wortwiederholungen zu vermeiden ist mit „Täter" auch der „Beschuldigte", wie im Gesetz vorgesehen, gemeint.

Um die Inhalte der Vernehmung originalgetreu wiedergeben zu können, werden Fragen der BeamtInnen mit „F" und Antworten der Beschuldigten mit „A" begonnen. Sämtliche Fälle werden aus Sicht der ErmittlerInnen dargestellt.

DANKSAGUNG

Ich möchte meine aufrichtige Dankbarkeit gegenüber all jenen zum Ausdruck bringen, die dazu beigetragen haben, dieses Buch Wirklichkeit werden zu lassen. Es wäre ohne eure Unterstützung und Inspiration nicht möglich gewesen.

Ein herzlicher Dank gilt meiner Familie, insbesondere meiner Frau, die mich stets ermutigt hat, mein Ziel zu verfolgen, und ihrer Geduld und Liebe, während ich an diesem Projekt gearbeitet habe.

Besonderer Dank gebührt auch meinen Freunden, die mit ihrem Feedback und ihren Ideen maßgeblich zur Entwicklung dieses Buches beigetragen haben.

Ich bedanke mich auch bei all meinen GesprächspartnerInnen, insbesondere Tim R., die mich während meiner Ausarbeitung zu diesem Thema tatkräftig unterstützt haben. Es bedarf sehr viel Mut und Courage, über dieses schwierige Thema offen zu sprechen.

Schließlich möchte ich mich bei meinen LeserInnen bedanken. Eure Unterstützung und euer Interesse an meinen Gedanken und Geschichten bedeuten mir unendlich viel. Dies Buch ist für euch.

Vielen Dank an alle, die ihren Teil dazu beigetragen haben, dieses Buch zu verwirklichen. Ihr seid die wahren Helden hinter diesen Seiten.

Mit Dankbarkeit,
Benjamin HAAS

VORWORT

Im Jahr 2020 hatte ich erstmals Kontakt zu Personen der Landeskriminalämter. Im Zuge dessen traf ich Tim R., der mir von seiner Karriere offen berichtete. Er war 2017 noch ein unerfahrener Streifenpolizist, der kaum Erfahrung in der praktischen kriminalistischen Arbeit hatte. In der Anfangsphase der Polizeikarriere beschäftigte er sich, im Rahmen des Strafrechts, grundsätzlich mit der Aufklärung niederschwelliger Kriminalfälle, wie zum Beispiel mit Diebstähle oder Körperverletzungen. Laut seinen Aussagen sind andere Delikte vorwiegend den erfahrenen oder speziell ausgebildeten BeamtInnen überlassen. Daher empfand er es als persönliche Ehre, als ihn eine bereits langjährig erfahrene Kollegin aus dem Kriminaldienst der hiesigen Polizeidienststelle um Unterstützung bei einem Sachverhalt bat. Konkret fragte sie ihn, ob er ihr bei der Ausarbeitung eines „Kinderporno"-Aktes helfen könne. Da hörte Tim R. zum ersten Mal das Wort in Zusammenhang mit der kriminalistischen Arbeit: „Kinderporno". Diese sehr allgemeine Bezeichnung steht für „Kinderpornografie" oder wie es als Überschrift des Paragraphen 184b des deutschen Strafgesetzbuches „Verbreitung, Besitz und Erwerb kinderpornographischer Inhalte" oder im Paragraphen 207a des österreichischen Strafgesetzbuches „Bildliches sexualbezogenes Kindesmissbrauchsmaterial und bildlich sexualbezogene Darstellungen minderjähriger Personen tituliert wird".

Relativ schnell tauchte er in diese Materie ein und war erstaunt, welche Menschen, vor allem Männer, derartige Taten begehen. Hier geht es nicht um den „Vor-Ort-Missbrauch" an Minderjährigen, sondern um den sogenannten „Online-Kindesmissbrauch". Ein Begriff, der in der heutigen Zeit durch die Medien immer mehr diskutiert wird. Tim R. wusste, dass ich mich ebenfalls schon lange mit diesem Thema beschäftigte und gab mir einen Einblick in die Kriminalarbeit der Polizei.

Die Täter sind ausschließlich Männer, unabhängig von Familienstand, Ausbildung oder beruflicher Stellung. Darunter sind alleinstehende Arbeitslose, die bei den Eltern wohnen oder Familienväter, die Geschäftsführer einer Firma sind. Männer, die tagtäglich mit dem Besitz und der Weitergabe von Missbrauchsabbildungen von Kindern dafür sorgen, dass der tatsächliche schwere sexuelle Missbrauch von anderen Tätern gefördert wird. Wie bei der Drogenkriminalität bestimmt das Angebot die Nachfrage. Somit ist Täterarbeit auch Opferarbeit. Die Literatur selbst beschäftigt sich überwiegend mit den Opfern sowie mit der allgemeinen Definition, was Pädophilie eigentlich bedeutet. Die Konzentration auf die Beweggründe der Täter findet nur wenig Niederschlag in der gegenwärtigen Diskussion. Darüber hinaus werden Hilfsangebote für Betroffene (darunter sind Täter und deren Angehörige genauso wie Opfer zu verstehen) nur bedingt angesprochen.

Die in der Schlagzahl immer größer werdende Anzahl publik gewordener Fälle der Männer, die „Online Kindesmissbrauch" begehen, ist ein Dilemma, in dem die Männerwelt nun steht. Männer haben, was diese Sache betrifft, ein eindeutiges Problem und es gibt hier noch eindeutig zu wenige Lösungen.

Die Gründe dieses Problems sind vielseitig. Die im Buch beschriebenen Kapitel bzw. Fälle stehen beispielhaft für die vielen Facetten der „Online Missbrauchstäter". Die meisten Männer wissen über deren Verhalten und der damit verbundenen illegalen Handlungen Bescheid, wollen oder können daran aber nichts ändern. Oftmals wissen die Familien oder Freunde der betroffenen Männer nichts über die Taten. Es gibt aber auch Fälle, in denen Personen über Tathandlungen Bescheid wissen, aber nichts dagegen tun, da sie negative Auswirkungen auf deren Privatleben befürchten.

Doch sowohl bei prominenten Fällen als auch während meiner Recherchen, werden vonseiten Unbeteiligter oder Familienmitgliedern immer dieselben Fragen gestellt: „Wie konnte das passieren?", „Warum fiel das niemandem auf?", „Wie kann man so etwas machen?" und weiter: „Was ist Pädophilie?" und insbesondere: „Ist ein Kinderporno-Gucker auch gleichzeitig pädophil und wie kann man diesen heilen?" Auf all diese Fragen gibt es bedauerlicherweise keine wirklich konkrete Antwort. Es ist eben alles ein „wenig kompliziert".

In den folgenden Kapiteln werden fünf verschiedene Fälle beschrieben, an denen Personen in verschiedenen Funktionen federführend mitgearbeitet haben. Diese Betroffenen gaben mir einen ungefilterten und exklusiven Einblick in die Welt der männlichen Online-Kindesmissbrauchstäter. Alle diese Fälle haben trotz ihrer verschiedenen Ausprägungen einige Gemeinsamkeiten. Welche das sind, kann jede Leserin, jeder Leser sogar am Ende selber herausfiltern. Genau auf diesen Gemeinsamkeiten basiert dieses Buch und die dahinterstehenden Konsequenzen. Ich greife bewusst den SpezialistInnen im Bereich der Psychologie nicht vor, jedoch wird am Ende jedes Kapitels ein persönliches Resümee der verschiedenen Charaktere beschrieben. Diese Resümees fußen auf Gesprächen mit erfahrenen KriminalbeamtInnen, StaatsanwältInnen, RichterInnen.

Dieses Buch soll ein Beitrag für die Täterarbeit sein, die viel zu wenig Niederschlag in der derzeitigen Situation findet. Darüber hinaus soll es auch Licht ins Dunkel der vielen Begriffe bringen, die zwar viele kennen, aber mit deren Bedeutung sie nicht viel anfangen können.

BEGRIFFSERKLÄRUNG

Der Online-Kindesmissbrauch

Vielen Menschen ist das Wort „Kinderpornografie" ein Begriff. Problematisch ist jedoch, dass damit die damit einhergehende Straftat verharmlost wird.

Das deutsche Bundeskriminalamt (= BKA) beschreibt „Kinder- oder Jugendpornografie" als eine fotorealistische Darstellung des sexuellen Missbrauchs einer Person unter 14 Jahren (Kind). Ist das Opfer zwischen 14 und 18 Jahre alt, spricht das BKA von fotorealistischen Darstellungen einer Person in dieser Altersgruppe (Jugendliche), also Jugendpornografie. Weiter wird beschrieben, dass der Herstellung solcher Darstellungen ein realer, oft schwerer, sexueller Missbrauch zugrunde liegt. Durch die weltweite Verbreitung und Verfügbarkeit erfolgt eine dauerhafte Viktimisierung (= zu Opfer machen) der Opfer.

Besonders in Deutschland entstand in den letzten Jahren nach den Missbrauchsfällen in Lüdge, Bergisch-Gladbach und Münster eine Diskussion, das Wort „Kinderpornografie" nicht mehr zu verwendenden. Schließlich sei der Begriff unpassend und verharmlose die Gewalt gegen Kinder. Pornografie an sich sind vor allem Videos und Fotos, die Sex zeigen. Die Aufnahmen dazu entstehen normalerweise freiwillig und die Herstellung sowie der Verkauf sind in der Regel legal. Bei der Kinderpornografie trifft das nicht zu. Dabei geht es nicht primär um Sex, sondern um körperliche und seelische Gewalt an Kindern, von denen keine freiwillig mitmachen. Sämtliche Vorgänge darin sind ausnahmslos illegal.

Die deutsche Bundesregierung spricht bei Kinderpornografie von Missbrauchsabbildungen. Klarer ist die Definition „Abbildungen von sexuellem Missbrauch bzw. Bilder und Filme, auf denen sexuelle Gewalt an Kindern zu sehen ist".

In Österreich verwendet man seit einigen Jahren den Begriff „Online-Kindesmissbrauch". Dieser Ausdruck unterscheidet die beiden Länder zuerst einmal in der Begriffsbezeichnung. Anders sieht es bei ähnlich gelagerten Tatbildern aus, wie dem „Cybergrooming" (= gezieltes Ansprechen von Minderjährigen im Internet mit dem Ziel der Anbahnung sexueller Kontakte), missbräuchlichem „Sexting" (= freiwilliges Versenden und Empfangen selbst produzierter, freizügiger oder erotischer Aufnahmen via Computer oder Smartphone zwischen Beziehungs- oder Sexualpartnern – Jugendliche sprechen umgangssprachlich von „nudes" – der Missbrauch besteht darin, die Aufnahmen ohne Einverständnis an Dritte weiterzuleiten) und „Sextortion" (= eine spezielle Form des Sexting, bei der die betroffene Person zur Herstellung freizügiger Bilder oder Videos gedrängt und anschließend damit erpresst wird). „Cybergrooming", „Sexting" und „Sextortion" werden sowohl in Deutschland als auch in Österreich gleich definiert, anders als eben „Online-Kindesmissbrauch". Grundsätzlich muss man dazu sagen, dass diese genannten Begriffe eindeutig vom „Online-Kindesmissbrauch" abzugrenzen sind. Sie sind nur bedingt miteinander zu verbinden. Es kann jedoch auch zu Mischformen kommen, indem Bilder und Videos, die Produkte solcher Tatbestände sind, unter Konsumenten verteilt werden. So kommt es nicht selten vor, dass tatsächlich Videos einer „Sextortion"-Attacke auf legalen Pornoseiten im Internet auftauchen und diese dann von vielen Personen gespeichert und in weiterer Folge weitergeleitet werden.

In diesem Buch wird das Wort „Online-Kindesmissbrauch" hauptsächlich benutzt, somit der im österreichischen Ermittlungsbereich verwendete Begriff.

Der Terminus besteht aus zwei wichtigen und tatrelevanten Wörtern: „Online" und „Kindesmissbrauch".

Das Wort „Online" steht generell für sich. Der Tatort spielt sich grundsätzlich im Internet ab. Abrufbar auf PCs, Laptops oder Smartphones. Um an die Missbrauchsabbildungen zu gelangen, muss man nicht zwingend in das sogenannte „Darknet" einsteigen. Was genau unter „Darknet" verstanden wird, kann im Unterkapitel „Exkurs Darknet" nachgelesen werden.

Im Gegensatz zum „Darknet" gibt es auch das „Clear Net". Dieses ist jedem geläufig, da alle Internetnutzer über das Clear Net im World Wide Web surfen. Auch in diesem, offiziellen, Internet ist es möglich, an Missbrauchsabbildungen von Kindern und Jugendlichen zu gelangen. Ganz so einfach ist das jedoch nicht. Auf Google die Begriffe „Kinderpornografie" oder „childporn" einzugeben und auf die Ergebnisse zu warten reichen dafür nicht aus. Besonders die großen Suchmaschinen wie zum Beispiel Google oder Yahoo versuchen, Inhalte mit illegalen Dateien nicht bei deren Ergebnissen zu listen. Somit stellt sich für Ermittler oft die Frage, woher die Beschuldigten diese Dateien dann erhalten. Die Antwort darauf findet man manchmal bei den Vernehmungen, aber so gut wie immer bei den darauffolgenden Auswertungen der sichergestellten Datenträger. Es sind also nicht immer die klassischen Google-Suchanfragen, sondern immer öfter Chats in den legalen Nachrichtenprogrammen wie Telegram, Signal oder WhatsApp. Diese und viele weitere Programme spielen derzeit eine große Rolle bei der Verteilung von illegalen Dateien. Doch nicht nur Bilder und Videos werden fleißig geteilt, sondern auch konkrete Vorschläge, wie man Sicherheiten bei Suchmaschinen mit einschlägigen Suchbegriffen bzw. Codes umgehen kann. Zum Schutz und zur Vorbeugung weiterer Straftaten werden diese Codes in diesem Buch nicht genannt.

Genauso wie bei den Codes verhält es sich mit der Übermittlung von Links zu Homepages, welche Missbrauchsabbildungen beinhalten. Dies geschieht in der für uns legalen Onlinewelt.

Auch auf anonymen Imageboardseiten wie „4chan" oder der Beitragsseite „reddit" werden in diversen Untergruppen illegale Materialien fleißig geteilt. Die Betreiber der Seiten sind großteils bemüht, die Inhalte zu löschen und die betroffene Gruppe zu sperren, aber die große Anzahl an Dateien lässt keine lückenlose Überwachung zu. Meldungen an zertifizierte Meldestellen, geschweige denn an Behörden, werden jedoch keine durchgeführt.

Interessanterweise liegen viele Dateien mit illegalem Inhalt im Clear Net auf Servern, die auch legale Dateien beinhalten. Die Betreiber der Server wissen zumeist gar nicht Bescheid über die illegalen Machenschaften.

Diese Tatsache konnte Ende Dezember 2021 das Reportageformat „STRF_F" (Format des NDR für das Medienangebot Funk) recherchieren. In dem knapp halbstündigen YouTube-Video wird genau die Vorgehensweise der Kriminellen im Umgang mit pornografischen Darstellungen Minderjähriger beschrieben und auch Möglichkeiten, damit die Eigentümer der Server (auch Hosts genannt) die Inhalte löschen können.

Zusätzlich zu diesen Varianten gibt es noch diverse Clouds oder auch Dropboxen. Bei manchen Auswertungen konnten KriminalbeamtInnen feststellen, dass in regulären Chats Links von diesen Online-Speichern zwischen den Chatpartnern getauscht werden. Manche Anbieter gingen dazu über, die verdächtigen Dateien offiziell zu melden, woraufhin die Täter rasch identifiziert werden konnten. Eine genaue Zahl von online verfügbaren Missbrauchsabbildungen gib es nicht, jedoch schätzen ExpertInnen diese auf mehrere Milliarden Dateien. Womit ich hier wieder die Wichtigkeit jedes Einzelnen bei der Bekämpfung des Online-Missbrauches betonen möchte. Je größer die Nachfrage, desto höher die Anzahl der Kinder, die für diese Abbildungen schwer sexuell missbraucht werden.

Der Begriff „Kindesmissbrauch" ist grundsätzlich weiter gefasst. In dem für mich relevanten Bereich geht es immer um den sexuellen Missbrauch von Minderjährigen. Es muss aber vorab unterschieden werden, was der Täter tut. Wenn Unmündige (Personen bis zur Vollendung des 14. Lebensjahres) schwer sexuell missbraucht werden, greift zum Beispiel Österreich der § 206 StGB. Hier liegt die Höchststrafe bei 10 Jahren Freiheitsstrafe. In besonders schweren Fällen kann sogar eine lebenslange Freiheitsstrafe vom Gericht verhängt werden (z. B. bei Tod des Opfers aufgrund des schweren sexuellen Missbrauchs).

Der Online-Kindesmissbrauch im engeren Sinn steht in Österreich im § 207a StGB.

Kurz vor Finalisierung dieses Buches wurde, aufgrund eines sehr prominenten Kriminalfalles in Österreich, eine Strafverschärfung des betroffenen Paragrafen vom Gesetzgeber beschlossen.

§ 207a StGB – Bildliches sexualbezogenes Kindesmissbrauchsmaterial und bildliche sexualbezogene Darstellungen minderjähriger Personen

(1) Wer eine Abbildung oder Darstellung nach Abs. 4

1. herstellt oder

2. einem anderen anbietet, verschafft, überlässt, vorführt oder sonst zugänglich macht, ist mit Freiheitsstrafe von sechs Monaten bis zu drei Jahren zu bestrafen.

(1a) Mit Freiheitsstrafe von einem bis zu fünf Jahren ist zu bestrafen, wer die Tat nach Abs. 1 in Bezug auf viele Abbildungen oder Darstellungen nach Abs. 4 begeht.

(2) Mit Freiheitsstrafe von einem bis zu fünf Jahren ist zu bestrafen, wer eine Abbildung oder Darstellung nach Abs. 4 zum Zweck der Verbreitung herstellt, einführt, befördert oder ausführt oder eine Tat nach Abs. 1 gewerbsmäßig begeht. Mit Freiheitsstrafe von einem bis zu zehn Jahren ist zu bestrafen, wer die Tat als Mitglied einer kriminellen Vereinigung oder so begeht, dass sie einen besonders schweren Nachteil der minderjährigen Person zur Folge hat; ebenso ist zu bestrafen, wer eine Abbildung oder Darstellung nach Abs. 4 unter Anwendung schwerer Gewalt herstellt oder bei der Herstellung das Leben der dargestellten minderjährigen Person vorsätzlich oder grob fahrlässig (§ 6 Abs. 3) gefährdet.

(2a) Mit Freiheitsstrafe von einem bis zu zehn Jahren ist zu bestrafen, wer die Tat nach Abs. 2 erster Satz in Bezug auf viele Abbildungen oder Darstellungen nach Abs. 4 begeht.

(3) Wer sich eine Abbildung oder Darstellung einer mündigen minderjährigen Person nach Abs. 4 Z 3 und 4

verschafft oder eine solche besitzt, ist mit Freiheitsstrafe bis zu zwei Jahren zu bestrafen. Mit Freiheitsstrafe bis zu drei Jahren ist zu bestrafen, wer sich eine Abbildung oder Darstellung einer unmündigen Person nach Abs. 4 verschafft oder eine solche besitzt.

(3a) Nach Abs. 3 wird auch bestraft, wer im Internet wissentlich auf eine Abbildung oder Darstellung nach Abs. 4 zugreift.

(3b) Wer die Tat nach Abs. 3 oder Abs. 3a in Bezug auf viele Abbildungen oder Darstellungen einer mündigen minderjährigen Person nach Abs. 4 begeht, ist mit Freiheitsstrafe von sechs Monaten bis zu drei Jahren zu bestrafen, jedoch mit Freiheitsstrafe von sechs Monaten bis zu fünf Jahren, wenn es sich dabei auch oder ausschließlich um viele Abbildungen oder Darstellungen einer unmündigen Person nach Abs. 4 handelt.

(4) Bildliches sexualbezogenes Kindesmissbrauchsmaterial und bildliche sexualbezogene Darstellungen minderjähriger Personen sind eine oder mehrere

1. wirklichkeitsnahe Abbildungen einer geschlechtlichen Handlung an einer unmündigen Person oder einer unmündigen Person an sich selbst, an einer anderen Person oder mit einem Tier,

2. wirklichkeitsnahe Abbildungen eines Geschehens mit einer unmündigen Person, dessen Betrachtung nach den Umständen den Eindruck vermittelt, dass es sich dabei um eine geschlechtliche Handlung an der unmündigen Person oder der unmündigen Person an sich selbst, an einer anderen Person oder mit einem Tier handelt,

3. wirklichkeitsnahe Abbildungen

   a) einer geschlechtlichen Handlung im Sinne der Z 1 oder eines Geschehens im Sinne der Z 2, jedoch mit mündigen Minderjährigen, oder

   b) der Genitalien oder der Schamgegend Minderjähriger, soweit es sich um reißerisch verzerrte, auf sich selbst reduzierte und von anderen Lebensäußerungen losgelöste Abbildungen handelt, die der sexuellen Erregung des Betrachters dienen;

4. bildliche Darstellungen, deren Betrachtung – zufolge Veränderung einer Abbildung oder ohne Verwendung einer solchen – nach den Umständen den Eindruck vermittelt, es handle sich um eine Abbildung nach den Z 1 bis 3.

Die Absätze 5 und 6 im Gesetzestext beinhalten die Strafausschließungsgründe.

Ich habe diesen Gesetzestext bewusst zur Gänze abgebildet, um allen die komplizierte und verworrene Formulierung bewusst zu machen.

Generell muss aus österreichischer Sicht festgehalten werden, dass trotz sperriger Titulierung des Gesetzestextes eine Erhöhung der angedrohten Strafe durchgesetzt werden konnte. Die ErmittlerInnen waren diesbezüglich sehr positiv gestimmt, wobei sich die Auswirkungen erst im Laufe des Jahres 2024 zeigen werden.

In Deutschland umfasst der § 184b StGB die Verbreitung, Erwerb und Besitz der kinderpornografischen Inhalte, ähnlich dem § 207a StGB in Österreich. Anzumerken ist, dass die Herstellung und Verbreitung mit bis zu 10 Jahren Freiheitsstrafe und das reine Beschaffen und der Besitz mit bis zu 5 Jahren Freiheitsstrafe bestraft wird.

Besondere Aufmerksamkeit ist in Deutschland auf das sogenannte „posing" zu legen. In Österreich werden, simpel formuliert, nur diese Aufnahmen gem. § 207a StGB gewertet, welche einen sexuellen Akt beim Kind zeigen oder wenn die Aufnahme auf den Schambereich des Kindes konzentriert ist. Wird das Kind nur zum Posen nackt ausgezogen oder mit Reizwäsche bekleidet UND ist keine sexuelle Handlung dabei erkennbar, bleibt es in Österreich straffrei. Hingegen in Deutschland werden auch diese Bilder und Videos mit bis zu 5 Jahren Freiheitsstrafe geahndet.

Es ist somit erkennbar, wie ungleich in beiden Ländern die rechtlichen Rahmenbedingungen sind.

Exkurs „Darknet"

Das Darknet bietet den Tätern die anonyme Möglichkeit, sich auszutauschen und in weiterer Folge auf Inhalte mit Missbrauchsabbildungen hinzuweisen. Aufgrund der Anonymität sind viele Foren für die Nutzer des Darknet vollkommen offen und können somit ohne Weiteres benutzt werden. Doch wie läuft nun so eine Kommunikation im Darknet ab? Ich beschreibe eine kurze Zusammenfassung, die in der täglichen Ermittlungsarbeit festgestellt werden konnte.

Der 35-jährige Beschuldigte Oliver P. gelangte über einen Darknet-fähigen Internetbrowser (im Clearnet ist das mit dem Internet Explorer zu vergleichen) an das illegale Foto- und Videomaterial. Dazu muss man sagen, dass P. ein normaler Internetnutzer ist mit durchschnittlichem Fachwissen, was den Umgang mit Internet betrifft. P. gab während seiner Beschuldigtenvernehmung Folgendes an: *„Damit man in das Darknet gelangt, benötigt man einen entsprechenden Browser. Mit dem normalen Internet Explorer kann man da nicht so einsteigen. Ich habe mich mithilfe von Google informiert und bin dann auf einen entsprechenden Browser gestoßen. Den habe ich heruntergeladen und bin dann eingestiegen. Nach einigen Klicks habe ich dann verschiedene Wortkombinationen eingegeben. Das habe ich alles in einem Chat gelesen. Dann war ich schon in einem Forum. Dort haben sich hauptsächlich Männer über den Umgang mit Kindern ausgetauscht. Konkret meine ich, wie man ein Kind missbrauchen und gleichzeitig auch filmen kann, ohne dass man auffliegt. Es sind ja viele verdeckte Ermittler in den Foren unterwegs. Ich habe da mit einem anderen Forumnutzer geschrieben. Der hat mir einen Link geschickt und gemeint, dass* *ich auf dieser Seite fündig werde. Komischerweise führte der Link nicht weiter in das Darknet, sondern auf eine Seite im Deep-Net (= Clear Net). Sie endete normal mit .com. Da war ich natürlich skeptisch, weil ich mir dachte, dass das eine Falle ist. Ich muss aber sagen, dass ich nicht widerstehen konnte. Dieser Forumnutzer sagte mir weiter, dass ich auf dieser Seite viele Fotos und Videos finden werde, die zeigen, wie er seine 6-jährige Tochter sexuell missbrauche. Also habe ich auf diesen Link geklickt und kam auf eine Art Datenbank. Darin waren fast 10.000 Fotos und Videos. Hauptsächlich vom angeblichen Forumnutzer und seiner angeblichen Tochter. Ich habe mir die vielen Dateien heruntergeladen und auf meine Festplatte gespeichert. Das habe ich im Darknet fast jeden Tag gemacht."*

Oliver P.s Fall ähnelt vielen anderen Darknet-Ermittlungen im Bereich des Online-Kindesmissbrauches. Nachdem Google die einfache Suche nach Missbrauchsabbildungen erschwerte, gelangt man über das Darknet an diverse verbotene Dateien und umgeht somit die Beschränkungen der offiziell bekannten Suchmaschinen.

NCMEC
(National Center for Missing & Exploited Children)

Sobald Fälle des Online-Kindesmissbrauches medial publik werden, wird zumeist über das Ausmaß und die Brutalität der Dateien berichtet und bei prominenten Fällen über die jeweilige Person und deren Beweggründe. Im Fall eines berühmten Schauspielers wurde bekannt, dass dessen ehemalige Lebensgefährtin das illegale Material gefunden hatte und dies dann später zur Anzeige brachte. Dies ist nur eine Variante, wie die Behörden von derartigen Gesetzesübertretungen erfahren. Eine durchaus effizientere Möglichkeit in der Online-Welt ist die Organisation NCMEC (= dt.: Nationales Zentrum für vermisste und ausgebeutete Kinder). Dabei handelt es sich um eine private gemeinnützige Organisation aus den USA, die 1984 vom Kongress der Vereinigten Staaten von Amerika gegründet wurde. NCMEC selbst betreibt die „CyberTipline", um Berichte über sexuelle Ausbeutung von Kindern (einschließlich „Kinderpornografie", Online-Verführungen und Kontaktdelikte) zu bearbeiten. Diese Berichte werden weltweit an die jeweiligen Strafverfolgungsbehörden weitergeleitet. Darüber hinaus stellt NCMEC Informationen über die berichtende Partei, Geolokalisationsinformationen und Querverweise zur Identifizierung wie E-Mail-Adressen, Benutzernamen oder IP-Adressen in den jeweiligen CyberTipline-Berichten den Behörden zur Verfügung.

Generell kann jeder einen Bericht oder verdächtige Wahrnehmung im Internet an die CyberTipline übermitteln. Für bestimmte Anbieter elektronischer Dienste, die von der Präsenz von „Kinderpornografie" auf ihren Systemen Kenntnis erlangen, ist eine Meldung gesetzlich, wie z. B. in den USA, vorgeschrieben. Es muss dazu gesagt werden, dass die Anbieter dieser Dienste nicht aktiv nach „Kinderpornografie" suchen müssen oder versuchen diese aufzuspüren.

Weltweit gab es 2021 knapp über 30.000.000 CyberTipline-Berichte, was eine Steigerung von 35 % zum Jahr 2020 bedeutete. Diese Berichte inkludierten 85.000.000 Dateien, darunter knapp 45.000.000 Videos.

Führend bei den Berichten ist Facebook mit 22.000.000 Berichten, gefolgt von Instagram und WhatsApp (allesamt zur Firma Meta zugehörig). 2021 wurden 7.850 Berichte mit Österreich-Bezug an CyberTipline gemeldet. Dies bedeutet nicht, dass es genauso viele Beschuldigte gibt. Oftmals gibt es zu einer Person mehrere CyberTipline-Berichte. Dies ist abhängig davon, wie viele Dateien auf wie viele Plattformen von dieser Person hochgeladen wurden.

Laut offiziellen Zahlen wurden in Österreich 2022 10.000 Fälle von Online-Kindesmissbrauch der Polizei gemeldet. 780 Tatverdächtige konnten dabei ausgeforscht werden. Im Vergleich dazu kann eine Zahl aus Deutschland aus dem Jahr 2021 herangezogen werden. Dort wurden 79.701 Fälle gemeldet.

NCMEC ist somit ein weiterer wichtiger Baustein zur weltweiten Aufklärung von Straftaten, speziell in der Bekämpfung des Online-Kindesmissbrauchs.

Offizielle Zahlen

In der Presse kursieren etliche Zahlen, die angeblich wissenschaftlich erhoben wurden und auch anscheinend Aussagekraft besitzen. Generell kann man aber nur eine Aussage anhand von Umfragen und angezeigten Tathandlungen tatsächlich feststellen. Pädophilie und in weiterer Folge auch Online-Kindesmissbrauch ist ein überwiegend männliches Phänomen. Weibliche Täterinnen in Bezug auf sexuellen (Online)-Kindesmissbrauch kommen in den Statistiken kaum vor und sind daher unterrepräsentiert. Soweit Frauen in Ermittlungen den Beschuldigtenstatus erhalten, stehen diese meist in Zusammenhang mit einer möglichen Beitrags- oder Mittäterschaft. Umgangssprachlich kann man auch „Mitwisserschaft" sagen, was bedeutet, dass sie über den sexuellen Missbrauch des Kindes Bescheid wussten, aber nichts dagegen unternommen haben. Selten, aber doch kommt es vor, dass Mütter ihren eigenen Kindern die Schuld dafür geben, dass der Missbrauch an ihnen begangen wurde. Auf Nachfrage, warum diese so darüber denken, erfährt man oft, dass es sich um Eifersucht handelt. Bei Online-Kindesmissbrauch sind die Partnerinnen aber zumeist überrascht und hatten keine Ahnung.

Offiziell bekannt jedoch ist, dass durchschnittlich 1-4 % der befragten Männer angaben, dass sie eine pädophile Tendenz haben, wobei hier die reale Zahl, mit geschätzter Dunkelziffer, irgendwo zwischen 2-3 % liegt. 3-6 % der befragten Männer in Deutschland, international 3-9 %, haben laut dem Projekt „Kein Täter werden" sexuelle Fantasien bezogen auf Kinder vor der Pubertät.

2021 wurden, laut österreichischer Kriminalstatistik, 1.921 Anzeigen aufgrund von Online-Kindesmissbrauch vorgelegt. Dies bedeutete einen absoluten Höchststand gegenüber den vorherigen Jahren. Es stellt sich hier eher die Frage, ob diese hohen Zahlen mit mehr Bewusstsein der Opfer/Zeugen und den neuen digitalen Ermittlungsmethoden in Zusammenhang stehen oder ob dies auch bedeutet, dass es de facto mehr Täter gibt. Hierzu gibt es keine seriöse Statistik. Mich als Autor schockierte eine traurige Einschätzung die mir eine Lehrerin aus einer Grundschulklasse mitgab: *„In jeder Schulklasse sitzt zumindest ein Kind, das sexuell missbraucht wird oder wurde."* Dieser Satz hat sich in mein Gehirn gebrannt und macht daher die Bewusstseinsbildung umso wichtiger.

Die Pädophilie

Die Pädophilie an sich wird in der internationalen statistischen Klassifikation der Krankheiten und verwandten Gesundheitsprobleme (kurz „ICD") von der Weltgesundheitsorganisation WHO klassifiziert. Konkret wird die Pädophilie in den Persönlichkeits- und Verhaltensstörungen, in der Unterkategorie „Störung der Sexualpräferenz", beschrieben. Man findet diese Definition genauer unter ICD-10 F65.4.

Die Neigung wird als sexuelle Präferenz für Kinder, Jungen oder Mädchen oder Kinder beiderlei Geschlechts, beschrieben, die sich meist in der Vorpubertät oder in einem frühen Stadium der Pubertät befinden.

Eine genaue Zuordnung der Pädophilie erfolgt in die Gruppe der Paraphilien. Diese sind häufige, intensive, sexuell stimulierende Fantasien oder Verhaltensweisen, die unbelebte Objekte, Kinder, nicht einverstandsfähige Erwachsene oder eigene Qualen bzw. Erniedrigungen an sich selbst oder an Partnern umfassen.

Paraphile Störungen sind somit ungewöhnliche sexuelle Wünsche oder Neigungen, die u. a. auch Leid oder Probleme verursachen und in weiterer Folge Lebensweisen der betroffenen Personen beeinträchtigen oder die anderen Personen Schaden zufügen oder zufügen können.

Eine allgemeine Beschreibung, wer ab wann als pädophil gilt, gibt es grundsätzlich nicht. Zusammengefasst findet man aber in westlichen Gesellschaften die Regel, dass die pädophilen Störungen an Personen diagnostiziert werden, die mindestens 16 Jahre alt sind und mindestens 5 Jahre älter als das Kind sind, das als Objekt ihrer Fantasien oder Verhaltensweisen dient. Dies ist aber nur eine von vielen Möglichkeiten, die Neigung entsprechend zu kategorisieren. Experten im Bereich der Sexualpsychologie warnen jedoch besonders, eine entsprechende Altersgrenze zu fixieren. So kann auch ein voll pubertierender 13-jähriger Junge pädophile Tendenzen zeigen, wenn dieser sexuelle Lust an 4-jährigen Mädchen oder Buben empfindet.

Die Verbindung zwischen Pädophilie und Online-Kindesmissbrauch

Eine allgemeine Verbindung zwischen Pädophilie und Online-Kindesmissbrauch ist derzeit nicht seriös erforscht. Die gewisse Tendenz eines Pädophilen, einen Online-Kindesmissbrauch zu begehen, ist, laut ErmittlerInnen der Polizei in Deutschland und Österreich, aber erkennbar. Der Beschuldigte Harald M. gab im Zuge der Vernehmung an, dass er nicht grundsätzlich pädophil sei, jedoch auf extreme Sachen stehe. Man kann diesen Satz für sich stehen lassen, aber für mich warfen sich viele Fragen auf. Die Vernehmung konnte mir diese Fragen nicht zufriedenstellend beantworten, aber durch Ausarbeitung seiner mobilen Datenträger ergaben seine Angaben durchaus Sinn. In diesem Fall verband sich die pädophile Neigung mit dem Sadismus, zu dem er sexuelle Lust empfand. Im Kapitel über Harald M. wird noch ausführlich darauf eingegangen.

In diversen Podcasts, sowie Fernseh- und YouTube-Reportagen sprechen Pädophile oftmals davon, dass sie nie ein Kind missbraucht haben. Sie fielen aber dennoch polizeilich auf, indem die Polizei im Zuge von Hausdurchsuchungen Missbrauchsabbildungen von Kindern feststellen konnte. Zumindest hier lässt sich eine Verbindung herstellen, die aber keinen Allgemeincharakter hat. Besonders bei den Einvernahmen der Täter wird immer nach dem „Warum" gefragt. Nach mehreren holprigen Erklärungsversuchen folgten zumeist die wirklichen Beweggründe. Hier werden insbesondere zwei Gründe genannt: Erregungs- und Sammelleidenschaft. Zum zweiten Grund muss gesagt werden, dass es durchaus, Männer gibt, denen es allein den Kick gibt, illegale Abbildungen zu speichern. Erfahrungsgemäß gehören pornografische Darstellungen Minderjähriger dazu, aber unter der schier extremen Menge an Daten finden sich auch Videos und Fotos von Tierquälereien, Enthauptungen oder auch weitere Dateien mit bedenklichen Inhalten. Dieses reine Sammeln ist aber eher selten zu finden.

Anders verhält es sich mit Männern, die sich Dateien ansehen, um sich sexuell zu erregen. Diese Form der Täter ist die überwiegende Mehrheit und diese bezeichnen sich meistens selbst als „pädophil". Während meiner bisherigen Recherche und den Gesprächen mit Beteiligten konnte ich sehr wohl eine Verbindung zwischen dem Krankheitsbild „Pädophilie" und Online-Kindesmissbrauch herstellen. Denn bei einer sexuellen Erregung lässt sich durchaus eine gewisse Präferenz ableiten oder zumindest für einen selber erklären.

Männer als Täter

In diesem Kapitel schließt sich nun der Kreis, warum sich das Buch hauptsächlich mit Männern als Täter beschäftigt. Die einfache Antwort dazu lautet, dass fast ausschließlich Männer in diesem Punkt strafrechtlich in Erscheinung treten oder die diversen Hilfsangebote in Anspruch nehmen. Frauen als Täterinnen kommen äußerst selten vor, wobei hier die Forschung noch keine klare Antwort geben kann. Bei den Ermittlungen zu Online-Kindesmissbräuchen kommen Frauen höchstens als Mitwisser vor, wobei die Anzahl sehr gering ist.

Bei Ermittlungen zu einem Mann, der ungefragt nackte Kinder auf einem FKK-Badestrand fotografierte, wusste seine Ehefrau Bescheid. Diese war sogar über das Einschreiten der Polizei erbost und hielt die Vorgehensweise für sehr übertrieben. Ihr Mann habe noch nie ein Kind angegriffen, pädophil sei er schon gar nicht. Als die Auswertung der sichergestellten Datenträger abgeschlossen war und sich über 5.000 Dateien mit Missbrauchsabbildungen an Kindern darauf befunden haben, hat sie dies ebenfalls als Kleinigkeit abgetan. Ihr Mann habe ja kein Problem und sei ein unschuldiger Mensch.

Diese Fälle kommen nicht sehr oft vor, da die meisten Ehefrauen, Lebensgefährtinnen oder Freundinnen nichts von der sexuellen Präferenz ihres Partners wussten. Ab und zu geben sie aber zu, dass ihnen schon aufgefallen sei, dass speziell im Sexualleben was nicht stimmen könne. Hier wird auf ein Fallbeispiel im Buch verwiesen: „Der Fall Harald M.".

Männer sind in so gut wie allen angezeigten Fällen die Beschuldigten. Diese sind es auch, die kaum Hilfe suchen, obwohl ihnen die Tragweite des Verbotenen durchaus bewusst war. Ohne aktive Hilfe in Anspruch zu nehmen, dreht sich die Spirale immer weiter, mit unbekanntem Ausmaß. Nicht selten denken die Täter an Suizid, da sie verzweifelt sind.

Die folgenden fünf Fallbeispiele decken alle Facetten der Ermittlungsarten ab und lassen tief in die Seelen und Gefühle der Sexualstraftäter blicken. Eine Welt, die ich persönlich nie verstehen werde, die aber zur Arbeit vieler Kriminalbeamter dazugehört.

HAUPTTEIL

Alle fünf Beispiele haben sich tatsächlich so ereignet. Zum Schutz aller Beteiligten (Beschuldigte, Opfer, sowie deren Familien, Freunde, Arbeitgeber, Nachbarn usw.) wurden die Namen sowie das Alter verändert. Darüber hinaus wurden Straßenbezeichnungen und spezifische Namen aus dem Umfeld des Beschuldigten anonymisiert.

Die geschilderten Fälle konzentrieren sich hauptsächlich auf die Ermittlungsarbeit sowie die abschließenden Vernehmungen und Berichterstattungen an die Staatsanwaltschaft. Alle mir nicht bekannten Ereignisse finden in diesem Buch keinerlei Erwähnung, da das eine weiterführende Analyse des Verhaltens der Täter erschwert. Gemäß der deutschsprachigen Strafprozessordnung werden die Täter zumeist als „Beschuldigte" tituliert. Aufgrund der Einfachheit, und um Wortwiederholungen zu vermeiden, ist mit dem Begriff „Täter" ebenfalls der „Beschuldigte" gemeint.

Die Fälle werden aus ErmittlerInnenperspektive (Ich – Form) geschildert. Um auch deren Identität zu schützen, werden keinerlei Namen oder Ortsbezeichnungen verwendet. Alle Quellen stützen sich auf Aussagen von ErmittlerInnen, Tätern, Familienmitgliedern, Opfern und weiteren Beteiligten. Das sind nun ihre Geschichten.

DER FALL LUKAS R.

Die SMS

Bevor ich die Recherchen zu diesem Buch so richtig begonnen habe, wurde ich von einem jungen Ermittler mit seiner Geschichte konfrontiert.

An einem kalten Februarnachmittag stand ich vor meinem Fenster im obersten Stockwerk eines etwas in die Jahre gekommenen Bürogebäudes. Der Wind pfiff so stark, dass die halbgeöffneten Jalousien klapperten. Langsam begann sich die Sonne zu zeigen. Sie blinzelte zwischen den schnell vorbeiziehenden Wolken immer wieder durch. Ich kurbelte die Jalousien nach oben, um die Aussicht besser genießen zu können. Ich stand mit dem Gesicht zur Sonne gewandt, meine Augen halb geöffnet. Trotz Wolken war die Sonne hell genug, dass ich meine Augen immer wieder schließen musste. Immer wieder dachte ich mir, wie schön doch die Aussicht auf die vor mir liegenden Hügel ist, obwohl das Hochhaus, in dem ich mich befand, so absolut gar keine Schönheit ausstrahlte. Ich hielt kurz inne und genoss diesen Moment, nachdem der bisherige Tag mehr als aufregend und intensiv war.

Nachdem ich innerlich langsam zur Ruhe fand, nahm ich das Mobiltelefon des 17-jährigen Beschuldigten Lukas R. in die Hand. Die Hausdurchsuchung und die schriftliche Einvernahme waren bereits abgeschlossen und aus diesem Grund wollte ich für die weiteren Ermittlungen eine Einsicht in das Handy vom Beschuldigten R. nehmen. Heutzutage erfährt man alles über einen Menschen, wenn man in sein Smartphone schaut. Ich saß in meinem Bürostuhl, mit dem Mobiltelefon in einer Hand und einem Kugelschreiber in der anderen. Ich war bereit, die offensichtlichen Fundstücke zu dokumentieren. Auf den ersten Blick deckte sich der Eindruck, den Lukas während des ganzen Vormittags auf mich machte. Ich fand viele Online-Spiele, diverse

Chats auf verschiedenen Kanälen, jedoch eher wenige zu Gleich-altrigen und einen versteckten Ordner, der sich mit dem uns bekannten Code entsperren ließ. In diesem Ordner befand sich massenweise Pornografie, darunter auch eine Vielzahl an Fotos und Videos von Missbrauchsabbildungen von Minderjährigen. Augenscheinlich waren die meisten dieser Abbildungen Buben und Mädchen in Lukas' Alter, also zwischen 14 und 17 Jahren, aber auch diverse Dateien mit deutlich Unmündigen (Personen unter 14 Jahre). Nachdem aber die Auswertung der sichergestell-ten Datenträger erst nach Sicherung der Daten passiert, kon-zentrierte ich mich auf die Nachrichten. Die WhatsApp-Chats, sowie die Profile von Lukas auf Instagram und Snapchat. Al-lesamt waren sie unauffällig, jedoch erkannte ich, dass Lukas insgesamt mit Mädchen sehr verschlossen und zurückhaltend kommunizierte. Es wurden zumeist eher oberflächliche Themen angesprochen oder über schulische Aktivitäten kommuniziert. Als ich bei den „altmodischen" SMS war, fiel mir ein Nachrich-tenverkehr zwischen Lukas und einer „Lisa" auf. Neben dem Namen „Lisa" stand auch ein „s". Zuerst konnte ich mir keinen Reim darauf machen, wer diese „Lisa s" nun ist, doch was mich eher verwunderte, war der geschriebene Textinhalt, der über-haupt nicht zu Lukas' Eindruck passte.

Lukas: Ich bin alleine in meinem Zimmer. Mir ist fad!
Lisa s: Ja, und? Ich weiß, du bist ja neben mir.
Lukas: Hast Lust?
Lisa s: No, heute mal nicht.
Lukas: Ageh, komm schon. Ich mache es heute besser.
Lisa s: Hast du das letzte Mal auch gesagt.
Lukas: Dann machen wir halt zwischen den Backen und nicht mehr Loch.
Lisa s: Oh, naja ok. Aber heute aber bisschen besser.
Lukas: Ich mache mich bereit.
Lisa s: Ich schmier mir die Creme rein.

Ich musste mir diese Nachricht mehrmals durchlesen, um zu verstehen, was da genau steht. Es ist für Jugendliche zwar grundsätzlich heutzutage normal, so intim zu kommunizieren, obwohl die Wortwahl natürlich eher nicht dem Naturell des jungen Mannes entsprach. Zu Beginn dachte ich an ein Mädchen, mit welchem Lukas eine sexuelle Beziehung führte. Doch der Satz von „Lisa s" sprang mir immer wieder ins Auge: „*Ich weiß, du bist ja neben mir*". Mir gingen tausend Varianten durch den Kopf, was damit gemeint sein konnte. Angefangen von einer möglichen Landschulwoche, Schwester eines Freundes, bei dem Lukas übernachtete bis hin zu möglichen Nachbarn. Plötzlich schoss es mir in den Kopf, wie ein Blitz, der unerwartet am Himmel auftaucht und in den Boden einschlägt. Ich hatte eine Vermutung, wer diese „Lisa s" sein könnte, aber ich war mir nicht sicher. Ich nahm meinen roten Aktenordner mit allen bisher geführten Ermittlungen zu diesem Fall aus dem Regal und blätterte wie wild eine Seite nach der anderen durch. Ich hatte ein Ziel, eine bestimmte Seite zu finden. Meine Aufregung stieg, da ich eine Vermutung hatte, wer eben dieses Mädchen war. Nach einigen Sekunden des heftigen Durchblätterns der Seiten fand ich den gesuchten Zettel. Es war eine Skizzierung des Familienstammbaumes der Familie R. Und da stand es schwarz auf weiß. Lukas R. hatte eine 12-jährige Halbschwester mit dem Namen „Lisa".

Ich blickte fassungslos auf diese Seite. Es müssen mehrere Minuten gewesen sein, in denen ich innerlich kurz überfordert war. Immer wieder dachte ich mir, dass ich wieder mal „Glück" gehabt hatte. Der erste, und vermutlich leichtere Akt, den ich bei der Kripo erhalten hatte, mauserte sich zu einer doch eher intensiveren Geschichte. Mit dem Mobiltelefon in der Hand ging ich in das Büro meiner Kripoleiterin und sah sie fragend an. Ich bat sie um ihre Meinung, zeigte ihr den SMS-Verkehr. Sie nahm das Telefon des Beschuldigten in die Hand und las sich den Text durch. Wenige Sekunden später gab sie mir das Mobiltelefon wieder zurück, nahm ihre Lesebrille ab und lehnte sich zurück. Siesah mich an und sagte mir: „*Oje, da wirst du noch viel mit dem Fall zu tun haben. Du musst die Anzeige auf schweren sexuellen Missbrauch von Unmündigen erweitern und eine eventuelle weitere Anzeige der Blutschande prüfen.* "Sofort fielen mir auch die Worte meines Gegenübers ein, die sie mir am ersten Tag meiner Tätigkeit als Kriminalbeamter mitgab: *„Menschen, die bei uns als Täter aufschlagen, sind schlecht und jeder Fall beinhaltet Überraschungen, die du vorher unmöglich wissen kannst.*" Zumindest in diesem Fall hat sie recht behalten. Doch bevor die Ermittlungen so richtig losgingen, musste ich mir erneut einen guten Überblick über den Akt verschaffen, um kein Detail zu übersehen. Also begann ich die Sache wieder von vorne und begann mit der Anzeigeerstattung betreffend Lukas R.

Die Dropbox

Zum Jahreswechsel war es endlich soweit. Ich begann meine neue polizeiliche Tätigkeit, für zumindest sechs Monate, bei der hiesigen Kripo in einer Großstadt. Viele Meiner KollegInnen haben mir abgeraten diesen Schritt zu wagen, weil dies mit einer seelischen Belastung einhergehen kann. Diese Warnungen ignorierte ich. Der Prozess bis zur neuen Beschäftigung war langwierig und mit Rückschlägen verbunden. Ich hätte Monate vorher meinen neuen Arbeitsplatz besetzen sollen, aber höhere Instanzen zögerten diese Entscheidung, aus verschiedenen Gründen, nachweislich hinaus. An diesem ersten Tag fuhr ich mit dem Lift des altehrwürdigen Gebäudes, das eher einem Plattenbau aus dem Ostblock ähnelt, hinauf und begrüßte meine neuen KollegInnen. Meine Freude war groß und damit verbunden natürlich die Spannung auf den neuen Tätigkeitsbereich. Kurze Zeit später begrüßte mich meine Chefin und gab mir meinen ersten Fall, oder wie man polizeiintern sagt, „den ersten Akt". Ich konnte gar nicht erwarten, dass ich diesen Akt nun endlich bearbeiten konnte, denn schließlich ist für mich die Ermittlungsarbeit die höchste Kunst der Polizeiarbeit und die Kripo ist dafür das Atelier.

Die Kripo bearbeitet unter anderem Sexualdelikte, wobei mein Hauptsachgebiet zu diesem Zeitpunkt der Bereich

„Online-Kindesmissbrauch", umgangssprachlich auch „Kinderpornografie", war. So gut wie alle Akte sind ähnlich aufgebaut. Sobald NCMEC ein neuer Fall bekannt wird, schickt dieses ihn an die nationale Behörde in Deutschland und Österreich. Intern führen vorgelagerte polizeiliche Einrichtungen die ersten Ermittlungsschritte durch und übermitteln den Akt an das tatortzuständige Kripo. So war es auch bei meinem ersten Fall® dem 17-jährigen Lukas R.

Die Identität des Beschuldigten stand zu Beginn vage fest. Lukas verwendete für den Upload von den sechs von NCMEC festgestellten verdächtigen Missbrauchsabbildungen die Mail-Adresse. Die Uploads wurden aber auf eine Dropbox durchgeführt, auf der eine Telefonnummer hinterlegt war. Nach einer Anfrage stand zumindest fest, dass der Nummernbesitzer nicht Lukas war, sondern sein Vater Roland R. In diesem Fall muss man sich für eine Seite entscheiden in Bezug auf die Wahl des Hauptverdächtigen. Die Kunst dabei ist, die hochgeladenen Dateien zu bewerten. Insgesamt waren es sechs Dateien, zwei Videos und vier Fotos.

Die Fotos zeigten jeweils unmündige Mädchen, welche sich einen Gegenstand in den Intimbereich einführten. Die Mädchen waren zwischen acht und zehn Jahre alt.

Bei den Videos schätzte ich die abgebildeten Mädchen auf ca. 12–14 Jahre. Diese Videos zeigten ebenfalls eine ähnliche Situation, also die Einführung eines Gegenstandes in den Intimbereich.

Sowohl bei den Fotos als auch bei den Videos konnte man anhand der Kameraeinstellung erkennen, dass diese Dateien augenscheinlich von den Mädchen selber hergestellt wurden, vermutlich auf Basis eines Auftrages einer anderen Person. Die Auftraggeber bezahlen oder versprechen den Mädchen in den meisten Fällen etwas.

Die Umgebung der Räume zeigte Türen und Steckdosen, die eher auf den amerikanischen Kontinent hindeuteten. Laut Information der vorgelagerten Behörde waren alle Dateien bereits bekannt, also schon länger im Umlauf und wurden unzählige

Male geteilt. Aufgrund der Altersspanne der Mädchen auf den Videos und Fotos ging ich davon aus, dass der Beschuldigte noch auf der „Suche" nach dem passenden Alter war. Daher ermittelte ich in weiterer Folge gegen den jugendlichen Beschuldigten Lukas und führte keine weiteren Ermittlungen gegen dessen Vater.

Eine generelle Einteilung bzw. Generalaussage kann man schwer machen, da es wissenschaftlich viel zu wenig Ergebnisse und aussagekräftige Studien in Bezug auf Alterspräferenz der Täter gibt. Bei Lukas konnte man Folgendes vorab feststellen: Die festgestellten Fotos und Videos zeigten, dass er eine Vorliebe für Vorpubertierende oder Mädchen in der Pubertät hat. Aufgrund der Altersspanne ist er sich bei seinen genauen Präferenzen unsicher. Das deutet eher auf einen sehr jungen Beschuldigten hin. Mehr Aussagekraft haben dann in weiterer Folge die von der IT ausgewerteten Datenträger. Diese zeigen ein Gesamtbild über die tatsächliche Neigung des Täters.

Um an die Datenträger zu gelangen, war in der Ermittlungsarbeit noch viel zu tun. Zu allererst musste herausgefunden werden, wem die E-Mail-Adresse gehört und wo diese eingeloggt war. Nachdem alle Informationen zum Mail-Account eingeholt worden waren, konnte mit der darauffolgenden Planung begonnen werden. Die Dropbox, auf der die Fotos und Videos des Online-Missbrauches hochgeladen wurden, war eindeutig auf Lukas R. gemeldet. Ein Geoprofil (die Örtlichkeit, in der die IP-Adresse eingeloggt war) deutete auf den Raum rund um eine Stadt. Die weiteren Ermittlungen ergaben, dass Lukas R. gemeinsam mit seinem Vater Roland, seiner Mutter Martina, seinen Großeltern und seiner Schwester Lisa in einem Doppelhaus am Land aktuell gemeldet war.

Diese Bausteine waren für mich ausreichend, um eine Anordnung der Staatsanwaltschaft zur Hausdurchsuchung und Sicherstellung von IT-Datenträgern zu bewirken. Auf Basis meines Berichtes wurde der Anordnung der Durchsuchung von Orten und Gegenständen, sowie der Sicherstellung zugestimmt. Für mich persönlich war diese Sache hochaufregend, da ich in so einem Fall noch nie eine Hausdurchsuchung geleitet hatte.

Entsprechend genau und akribisch habe ich mit der Planung der Phase zwei meines Aktes begonnen. ® Der Vorbereitung und Durchführung einer Hausdurchsuchung.

Die Hausdurchsuchung

Jede Vorbereitung zu einer Haussuchung erfordert zuerst die Erhebungen im Bereich der öffentlich zugänglichen Quellen. Profile auf Social-Media sind ein Fundus in den Recherchen. Sie zeigen, welche Hobbies der Beschuldigte hat, mit wem er befreundet und unterwegs ist, wo er in die Arbeit oder in die Schule geht, was er gerne isst oder wohin er gerne auf Urlaub fährt. Man lernt einen Menschen kennen, obwohl man ihm nie persönlich begegnet ist. All das traf auf den Social-Media Kanälen von Lukas R. nicht zu. Ein Teenager teilt seine privaten Inhalte selten mit der gesamten Außenwelt. Es erscheint auf den ersten Blick unglaublich, aber Jugendliche und Kinder verbergen ihre Inhalte gerne, um eben nicht Opfer von Pädophilen zu werden. Erwachsene sind im Umgang mit sozialen Medien weniger vorsichtig. Besonders unterschiedlich waren die Online-profile von Lukas und seinem Vater Roland. Roland hatte ein offenes Facebook-Profil mit Familienfotos, Urlaubsfotos, Fotos vom Haus, von Geburtstagsfeiern und sogar privaten Aufnahmen von einem augenscheinlich erotischen Fotoshooting mit seiner Frau. Es waren auch aktuelle Fotos der Familienmitglieder dabei. Ein echter Schatz, wenn man bedenkt, was man über Lukas im Internet fand, nämlich gar nichts. Sowohl das Snap-chatkonto, als auch TikTok, war privat. Selbst über die 12-jährige Lisa fand man im Internet mehr Informationen. Sie hatte ein Profil als junge Tennisspielerin im örtlichen Verein sowie Bilder von Pfadfinderausflügen und Ausflugbeiträge mit ihren Schulkollegen. In Bezug auf die öffentlich zugänglichen Quellen kam ich bei den Ermittlungsschritten nicht weiter. Nun musste ich Quellen anzapfen, welche ausschließlich der Polizei zur

Verfügung stehen. Diese ergaben zumindest ein passables Gesamtbild des Beschuldigten. Bisher war bekannt, dass Lukas Bilder und Videos in Bezug auf Online-Kindesmissbrauch hochgeladen hatte, sein Alter und seine Adresse. Auch bekannt war, wer mit ihm im Doppelhaus wohnt. Die weiteren Ermittlungen ergaben, dass Lukas R. ein Gymnasium in der Stadt besuchte, er kein Handy auf sich angemeldet hatte und weder polizeilich noch strafrechtlich in Erscheinung getreten war. Darüber hinaus konnte ich feststellen, dass Lisa seine Halbschwester war und Lukas bis zu seinem dritten Lebensjahr mit seinem leiblichen Vater und seiner Mutter Martina in einer anderen Stadt wohnte. Ermittlungen vor Ort zeigten außerdem, dass das Doppelhaus am Ende einer Wohnstraße stand, eine hohe Hecke das Haus vor Blicken schützte und eine gemeinsame breite Hauseinfahrt zu beiden Häusern führte. All diese festgestellten Tatsachen flossen in einen Einsatzplan. Besonders bei jugendlichen Beschuldigten muss man sich rechtlich gut vorbereiten, da diese besondere Rechte im Verfahren haben (z. B. Kontaktaufnahme mit einem Verteidiger). Nach ca. einer Woche hatte ich also alle Vorbereitungen für die Hausdurchsuchung abgeschlossen. Ich stand vor meinem Schreibtisch, bei geöffnetem Fenster, und atmete die frische Winterluft ein. Innerlich war ich zufrieden, es konnte also nichts mehr schiefgehen … dachte ich mir zumindest.

An einem Dienstag um 04:00 Uhr morgens fand die alles entscheidende Einsatzbesprechung statt. Im Raum roch es nach frisch gebrühtem Kaffee, die Kollegen standen rund um den Tisch und lauschten meinen Ausführungen. Am Schluss teilte ich noch die Teams ein und wollte gerade in mein Büro gehen, als meine Kollegin mich noch fragte, wo denn R. in die Schule gehe. Ich gab ihr die Antwort, wo sich das Gymnasium befinde, worauf sie mir dann erwiderte, dass das Gymnasium zwei Außenstellen habe und dort auch Kinder unterrichtet würden. Auf diesen Umstand war ich nicht vorbereitet, woraufhin ich entschied, dass wir trotzdem zur Wohnadresse fahren und abwarten, ob jemand zu Hause sei.

Am Einsatzort angekommen fuhren mein Kollege und ich die breite Auffahrt zum Doppelhaus hoch. Die anderen Teams warteten ein paar Meter entfernt entlang der Straße. Von außen war nicht ersichtlich, ob jemand zu Hause war. Mit meinem roten Aktenordner in der Hand klopfte ich an der Tür der Familie R. Es dauerte wenige Sekunden, bis jemand zur Tür lief. Es war Lisa R., Lukas' Halbschwester, die die Haustür öffnete. Mein Kollege und ich zückten fast zeitgleich die Marken und stellten uns als Beamte der örtlichen Kriminalpolizei vor. In den Augen des Mädchens konnte man deren Hilflosigkeit ablesen. Bevor ich weiter reden konnte, rief das Mädchen nach ihrer Mutter, parallel dazu lief sie wieder hinein. Die Tür blieb dabei offen. Diese Reaktion ist nicht selten bei Kindern oder Jugendlichen. Gemeinsam mit der Tochter an der Hand kam die Mutter von Lukas zur Haustür. Wir stellten uns erneut vor und dann passierte das, was fast immer wieder passiert. An der Tat Unbeteiligte greifen mit einer Hand an ihre Brust und beginnen schwer und schnell zu atmen. Dazu fallen oft Worte wie *„Oh mein Gott, was ist denn passiert?"*. Bei Martina R. war es genauso, jedoch stützte zum Glück ihre Tochter sie ab, da ein gleichzeitiges Zittern bei der Dame zu erkennen war.

Mein erfahrener Kollege versuchte, die Mutter zu beruhigen und erklärte ihr den Grund, warum wir vor Ort seien und dass mit ihrem Sohn Lukas etwas abzuklären sei. Während dieser Konversation unterbrach ich ihn und fragte nach dem aktuellen Aufenthalt von Lukas. Die Mutter fing sich langsam wieder und fragte verdutzt, warum wir ihren Sohn benötigten. In dieser Situation konnte ich mir vorstellen, dass ihr viele Gründe durch den Kopf gingen, warum die Polizei mit ihrem Sohn sprechen wollte.

Um keine unnötige Aufmerksamkeit der gesamten Nachbarschaft zu erregen, traten wir in das Haus ein und verlagerten das Gespräch nach innen. Bevor die noch immer mit der Fassung ringenden Mutter ihren Sohn holen konnte, lief Lisa den Gang nach hinten. Kurz darauf kam sie in Begleitung von Lukas uns entgegen. Ich selber hatte gar kein Bild von Lukas, da die wenigen Aufnahmen, die von ihm auf dem Facebook-Profil seines Vaters online waren, schon viele Jahre alt waren. Obwohl 17 Jahre alt und knapp 1,85 m groß, wirkte der Jugendliche sehr schüchtern auf mich. Er hatte diese typische Jugendfrisur, lange Haare, die ihm immer wieder ins Gesicht fielen und die er dann mit der rechten Hand nach hinten warf. Außerdem war er sehr schlank und hatte einen Nike-Jogginganzug an. Er stellte sich neben seine Mutter und fragte sehr zögerlich nach, um was es denn ginge. Währenddessen hüpfte seine Schwester zwischen uns immer wieder hin und her und lief danach zum Esszimmer und dann wieder zurück zu uns. Später rannte sie ins danebenliegende Wohnzimmer, versteckte sich hinter der Couch und lief dann erneut in unsere Richtung. Sie wirkte auf mich leicht hyperaktiv.

Ich sah Lukas an und sagte ihm, worum es nun gehe: *„Nun, Lukas, mein Kollege und ich sind von der Kripo. Wir haben eine Anordnung der Staatsanwaltschaft zur Hausdurchsuchung und zur Sicherstellung sämtlicher IT-Datenträger, die du benutzt. Der Grund dafür ist, dass du beschuldigt wirst, pornografische Darstellungen Minderjähriger auf deine Dropbox hochgeladen zu haben."*

Während Lukas eher gefasst und ruhig wirkte, bewegte sich seine Mutter in das Esszimmer und setzte sich auf einen Stuhl. Ich konnte spüren, wie fassungslos sie war. Sie griff sich auf den Kopf und sagte immer wieder: *„Nein, nein. Das kann nicht sein. Lukas, was haben wir dir gesagt."* Mein Versuch, der Mutter zu erklären, dass weitere Kollegen, die noch draußen sind, nur das Zimmer von Lukas durchsuchen und in weiterer Folge alle Datenträger sicherstellen werden, fruchtete insofern, dass sie wieder halbwegs vollständige Sätze formulierte und sie wieder ganz bei uns war.

Meine draußen wartenden Kollegen betraten das Haus und gingen mit Lukas und seiner Schwester in sein Zimmer. Ich wollte mit Martina R. den weiteren Ablauf besprechen, als sie ihren Mann, Roland, anrief, damit dieser nach Hause komme. Nach wie vor konnte sie das Geschehene nicht fassen und zitterte am ganzen Körper. Nachdem sie einen großen Schluck Wasser aus einem Glas genommen hatte, begann sie uns ihre Verzweiflung und Ratlosigkeit mitzuteilen. Sie habe sich nie erträumen können, dass wegen Kinderpornografie die Kripo in ihrem Haus sei und ihr Sohn der Beschuldigte sei. „*Mein Sohn ist erst 17 Jahre. Er ist nicht so. Mir wäre doch etwas aufgefallen. Das kann nicht sein. Da muss sicher eine Verwechslung vorliegen*", gab sie meinem Kollegen und mir zu verstehen.

Neben der laufenden Hausdurchsuchung war es aber primär, dass auch die rechtliche Komponente, aufgrund des Alters des Beschuldigten, besprochen wird. Kurz gesagt, Lukas musste vor einer Beschuldigtenvernehmung mit einem Rechtsanwalt sprechen. Mit meiner Unterstützung wurde der rechtsanwaltliche Journaldienst kontaktiert, der Martina R. riet, dass Lukas in so einem Fall umfassend kooperieren solle. Nach der Vernehmung sei der rechtliche Beistand ohnehin zwingend und werde dann von einem ortszuständigen Rechtsanwalt gerne übernommen.

Zum Thema „Rechtsbeistand" während der schriftlichen Beschuldigteneinvernahme muss gesagt werden, dass hier in der Bevölkerung ein großes Missverständnis vorherrscht. Rechtsanwälte können gemeinsam mit ihrem Mandanten Akteneinsicht nehmen und anschließend die weitere Vorgehensweise besprechen. Während der Vernehmung sitzen die Rechtsanwälte hinter dem Beschuldigten, also im Hintergrund, und dürfen am Schluss der Einvernahme ergänzende Fragen stellen. Aktionen, wie sie in TV-Serien oder Filmen oft gezeigt werden, sind maßlos übertrieben und sind im deutschsprachigen Raum nicht vorhanden und sogar rechtlich problematisch. Rechtsanwälte, die sich in eine rechtmäßige und reguläre Amtshandlung störend und ungerechtfertigt einmischen, können entsprechend verwiesen werden, mit einer gleichzeitigen Meldung an die Staatsanwaltschaft und die Rechtsanwaltskammer. Dies ist in der Strafprozessordnung so festgelegt.

Im Fall von Lukas R. war kein Rechtsanwalt während der ersten Vernehmung anwesend. Als die Hausdurchsuchung beendet war, kam auch Lukas' Vater, Roland R., hinzu. Noch in Arbeitskleidung ging er schnurstracks auf Martina R. zu, die ihm den

Sachverhalt schilderte. Sichtlich bewegt baute er sich vor mir auf und schleuderte mir ins Gesicht, dass Lukas auf keinen Fall jetzt einvernommen werde und er einen Anwalt dabeihaben wolle. Seine Frau zog ihn nach hinten und erklärte ihm die Sache nochmals. Auch ich beschrieb die gesamte Situation, warum wir vor Ort waren und dass auch bereits mit einem Rechtsanwalt gesprochen worden war. Seine Erregung schlug in bitterliches Weinen über. Lukas stand hinter seinem Vater, als sich dieser umdrehte und ihm mit weinerlicher Stimme sagte, dass er sauer auf ihn sei, falls er etwas angestellt habe. Die Eltern einigten sich darauf, dass Martina R. bei der ersten Vernehmung anwesend sein solle. Roland R. fuhr aber, begleitend, zum ortszuständigen Polizeiwachzimmer mit, wo die Vernehmung durchgeführt wurde.

Trotz der emotionalen Achterbahn der Eltern verhielt sich Lukas weiterhin ruhig, was wiederum mich beunruhigte. Solche Situationen führten bei den Vernehmungen erfahrungsgemäß zumeist zu sehr dürftigen Angaben seitens des Beschuldigten. Ich konnte keinerlei Reaktion in Lukas' Verhalten ablesen.

Für mich galt es nun, diese Erkenntnisse in der Durchführung der Beschuldigtenvernehmung mitzunehmen und darauf aufzubauen.

Die 1. Vernehmung

Personen, die noch nie polizeilich einvernommen wurden, verhalten sich verständlicherweise immer sehr zurückhaltend. Der Blickkontakt zum Beamten auf den Polizeiwachzimmern wird tunlichst vermieden. Man will einfach schnell die Sache hinter sich bringen und das Gebäude so schnell wie möglich verlassen. Noch schlimmer ist es für die Menschen, die außerhalb warten, entweder selber einvernommen zu werden oder eben auf ihre Angehörigen warten. Da kommen Minuten schon wie Stunden vor.

Lukas und seine Mutter Martina folgten meinem Kollegen und mir durch die Gänge, bis wir die uns zugewiesene Kanzlei fanden. Während Martina fast schon gezwungen freundlich wirkte, war Lukas überwiegend reaktionslos. Auf mich wirkte er fast unbeteiligt. Beide setzten sich zeitgleich auf die Holzstühle, mein Kollege und ich gegenüber der Tischseite auf typische Bürosessel. Das Tippen des Kollegen auf der Computertastatur unterbrach die unheimliche Stille. *„Ich muss bitte aufs Klo!"*, sagte Lukas plötzlich. Ich stand auf und begleitete ihn auf die Toilette. Für jeden Menschen ist es unangenehm, wenn man ihn während des Verrichtens der Notdurft beobachtet, aber zum eigenen Schutz und dem des Beschuldigten behält man ihn im Auge. Es kam immer wieder vor, dass besonders Verdächtige im Zuge der Vernehmung auf der Toilette Suizid begannen oder versuchten, die Polizeistation anzuzünden. Auch ein absichtliches Verstopfen der Toiletten kann viel Ärger und Arbeit bedeuten. An Lukas' Verhalten fiel mir so gut wie gar nichts auf, bis auf eine Tatsache → er war extrem schüchtern. Während er vor dem Pissoir stand, versuchte ich, keinen direkten Blickkontakt zu haben. Ich konnte aber akustisch nicht vernehmen, dass es ihm gelang, sein Geschäft zu verrichten. Er kam um die Ecke, wusch sich die Hände und ging wortlos an mir vorbei in Richtung Kanzlei. In mir regte sich leichtes Unbehagen, wie diese Vernehmung wohl werden würde. Mit Männern wie Lukas hatte ich schon ein paar Mal im Leben etwas zu tun. Klare Antworten erhält man von diesen kaum. Alles ist sehr vage, jeder Satz wird mit Bedacht gewählt und es folgen nach Fragen lange Nachdenkphasen und kurze Antworten. Der Blickkontakt wird so gut wie gar nicht gehalten und körperliche Nähe löst absolutes Unwohlsein bei diesen Leuten aus. Trotzdem ist es möglich, Vertrauen aufzubauen, insbesondere bei Jugendlichen.

Bei Lukas wandte ich einen Vernehmungstrick an, um eben Vertrauen entsprechend herzustellen. Ich setze mich ihm gegenüber und sah ihn freundlich an. Penibel achtete ich darauf, dass hinter mir nichts Interessantes herumstand, was die Aufmerksamkeit von mir ablenken könnte. Wie bei jeder Vernehmung starteten wir mit allgemeinen Fragen zu seiner Person.

Also Familienstand, Namen der Eltern, sonstige Vermögens-
verhältnisse, Schuldbildung usw. Das Ziel dabei ist, das sprich-
wörtliche „Eis zu brechen", insbesondere bei Personen wie Lukas R. Bemerkenswert war die Reaktion auf die Frage, ob er eine
Freundin habe. Lukas senkte seinen Blick zu Boden, seine Haare fielen ihm in sein Gesicht und er sagte leise „Nein".

Frage des Beamten: *Hast du schon generell einmal eine Freundin gehabt?*

Antwort von Lukas: *Ja, schon. Vor Corona habe ich eine Freundin gehabt. Wir haben uns aber nur geschrieben, sie wollte ja nicht
mehr als nur das Schreiben.*

In der Zeit, in der mein Kollege seine Antwort fast wort-
wörtlich niederschrieb, ließ ich die Antwort kurz innerlich Re-
vue passieren. Mir fiel ein kleines Detail dieser Antwort nicht
auf, erst später bemerkte ich etwas Gravierendes. Die Vernehmung wurde fortgesetzt und nach den restlichen allgemeinen
Fragen ging es nun zur eigentlichen Sache.

F: *Lukas, jetzt nachdem die Hausdurchsuchung abgeschlossen ist,
was sagst du zu den Vorwürfen?*

A: (sein Blick senkte sich zur Tischoberfläche) *Ja, ich war das
nicht. Ich weiß ja gar nicht, was passiert ist?*

F: *Du weißt aber schon, was dir vorgeworfen wird?*

A: *Ähh … ja … irgendetwas mit Kinderpornos. Aber die Sachen, die
Sie mir gezeigt haben, kannte ich ja nicht.*

F: *Dann kannst du mir sagen, wem diese E-Mail-Adresse gehört?*

A: *Ja, das ist meine.* (Lukas sprach erneut sehr leise und wieder-
holt undeutlich.)

F: *OK, und wem gehört diese Telefonnummer?* (Ich tippte auf den
Bericht von NCMEC, der vor Lukas lag.)

A: *Das ist auch meine.*

F: *Gut, also kannst du uns erklären, woher die zwei Videos und vier
Fotos kommen?*

Lukas schwieg lange und blickte nervös zu seiner Mutter, die
ihren Stuhl ein wenig hinter ihm platziert hatte.

A: *Hm ... naja ...*

F: *Lukas, wie der Rechtsanwalt deiner Mutter bereits gesagt hat, kann ein reumütiges Geständnis vom Gericht als strafmildernd gewertet werden. Wie war das jetzt mit den Dateien?*

Auch Lukas Mutter rutschte auf ihrem Stuhl immer nervöser hin und her.

A: *Die habe ich auf Telegram* (Anm.: ein russisches Chatprogramm, welches üblicherweise mittels Mobiltelefon benutzt wird) *geschickt bekommen. Aber die habe ich eigentlich alle gelöscht.*

F: *Lukas, wenn man etwas löscht, dann lädt man das nicht gleichzeitig auf die Dropbox hoch. Nochmal die Frage, was ist mit den Bildern und Videos nun?*

A: *Ja, ich habe sie schon gespeichert.*

Der Vernehmungsablauf passte mir bis zu diesem Zeitpunkt so ganz und gar nicht. Es war schier unmöglich, brauchbare Antworten zu erhalten, die auch dem jungen Beschuldigten im weiteren Verlauf helfen könnten. Ich änderte also meine Taktik.

F: *Lukas, was machst du so in deiner Freizeit?*

Lukas blickte nun wieder auf und lächelte zum ersten Mal.

A: *Ich zocke sehr gerne, mache aber auch immer etwas mit Lisa.*

F: *Ok, was machst du so mit Lisa?*

A: *Wir zocken gemeinsam oder chillen in meinem Zimmer. Manchmal gehen wir auch spazieren, dort in den Wald bei uns.*

F: *Wie würdest du deinen Freundeskreis beschreiben?*

A: *Ja, ich habe schon Freunde, aber eigentlich nur einen besten Freund. Ihm und Lisa erzähle ich alles.*

F: *Was erzählst du ihnen denn?*

A: *Ja, was denn? Wie es mir so geht oder wenn wir halt was machen.*

F: *Wie sieht es mit Mädchen oder Burschen aus? Hattest du schon einmal eine Beziehung?*

A: *Ja schon, sicher. Aber die Beziehung ist schon einige Zeit vorbei und sie war auch so lästig. Sie wollte dauernd vorbeikommen und mich treffen, das wollte ich aber nicht. Mama und Papa haben davon nichts gewusst und irgendwie draußen treffen wollte dann sie nicht.*

Es war die erste längere Antwort, die Lukas von sich gab, aber auf Nachfragen reagierte er zumeist ausweichend. Mein Kollege und ich ahnten, dass die Anwesenheit seiner Mutter den jungen Mann daran hinderte, detaillierter auf die Fragen einzugehen. In solchen Fällen hat der Beschuldigte das Recht, die Vertrauensperson nach draußen zu schicken, wovon Lukas auch Gebrauch machte. Lukas Mutter stand auf, streichelte ihm über sein Haar und riet ihm, die Wahrheit zu sagen. Darüber hinaus versicherte sie ihm, dass er Hilfe bekommen werde.

Als ich seine Mutter in den Wartebereich begleitete, äußerte sie Bedenken über Lukas' sexuelle Erfahrungen. Sie sagte mir gegenüber, dass weder sie noch ihr Mann Roland Informationen über eine mögliche Freundin gehabt haben. Ihr Mann habe sich schon Sorgen gemacht, weil Lukas nie über Mädchen zu Hause gesprochen habe. Obwohl er sexuell bereits aufgeklärt sei, habe er niemals um Rat gefragt. Das käme beiden Elternteilen schon komisch vor bei einem 17-jährigen Mann.

Mit dieser Information ging ich zurück zu meinem Kollegen und Lukas in den Vernehmungsraum.

F: *Lukas, erzähle mir doch ein bisschen von deiner Ex-Freundin?*
A: *Das habe ich ja schon. Die wohnt bei mir im Ort, ich kenne sie vom Sehen, aber getroffen habe ich sie nicht. Ich wollte nur mal so schreiben, über Sex und so, aber da war sie kindisch und hat komisch reagiert.*

Auch meine ergänzenden Fragen zu seiner Ex-Freundin ergaben eher mehr neue Fragen als Klarheit. Ich musste einsehen, dass uns der Beschuldigte nicht mehr über dieses Thema erzählen wollte.

In der Aufklärung von Sexualdelikten ist es grundsätzlich wichtig, über das Sexualleben und Sexualverhalten der Beschuldigten und Opfer zu sprechen. Das hilft auch dem Gericht und in weiteren Fällen den beauftragten Gutachtern, ein Bild des Mannes oder der Frau zu erhalten. Bei einem 17-Jährigen, der Bilder und Videos von Missbrauchsabbildungen von Unmündigen gespeichert hat, ist es zu hinterfragen, was ihn selber so innerlich beschäftigt. Das wird jeder Person, die diese Sache betrifft, auch vor der Vernehmung, im Zuge der Rechtsbelehrung, so mitgeteilt.

F: *Lukas, welche sexuellen Erfahrungen hattest du bis jetzt so?*
A: *Nicht wirklich viel. Sex habe ich noch keinen gehabt, aber ich hole mir gerne einen runter* (Anm.: masturbieren).
F: *Und was erregt dich dabei bzw. wo holst du dir deine Erregung?*
A: *Über normale Seiten wie Pornhub, Youporn oder xHamster. Das sind aber nur Erwachsene.*

Ohne die Anwesenheit von Lukas' Mutter wirkte er, wie erwartet, offener und auch redebedürftiger. Somit konnte ich konkret zu den Fragen über die Fotos und Videos der Unmündigen fortschreiten.

A: *Ein Freund in der Schule hat mich zu einer WhatsApp-Gruppe eingeladen, weil er gemeint hat, dass es dort geile nudes* (Anm. Nacktfotos) *gibt. Ich war neugierig und bin da beigetreten. Da waren sicher über 200 Teilnehmer. Die haben dann ungefragt Fotos und Videos, also Pornos, reingestellt.*
F: *Wie alt waren die Darsteller?*
A: *Die meisten von denen waren sicher über 18. Aber es waren auch Dateien dabei, wo die Darsteller jünger waren. Also mein Alter oder vielleicht 14. Das habe ich an dem Körperbau gesehen. Sachen mit Kindern wurden auch ungefragt geteilt, aber diese Dateien habe ich gelöscht.*
F: *Wie alt waren diese Kinder?*
A: *Vielleicht fünf oder sechs. Halt wo noch kein Busen da war. Das ist aber nicht so meins. Die Videos und Fotos von den jungen Mädchen,*

die genauso alt waren wie ich, waren Aufnahmen von Snapchat
oder Instagram. Die Sachen, was die Jugendlichen so herumschi-
cken. Über diese Gruppe bin ich zu weiteren Gruppen gekommen.
Ich bin dann wieder ausgestiegen und später wieder beigetreten.
WhatsApp hat mich dann auf einmal gesperrt. (Anm.: Generell
sind westliche Unternehmen verpflichtet, derartige Vorfälle
zu melden und den Kontakt vorläufig zu sperren.)

F: *Lukas, welches Alter erregt dich?*

A: *Ja, hauptsächlich Mädchen zwischen 14 und 17 Jahren. Halt wo*
man was sieht. So ganz ohne Busen mag ich das nicht.

F: *Habt ihr über so etwas auch schon einmal in der Schule gesprochen?*

A: *Ja schon. Ich weiß, dass das verboten ist, aber wir haben alle sol-*
che Videos und Fotos auf dem Handy. Die werden halt geteilt. Vie-
le Sachen kennt man dann aber eh schon.

Grundsätzlich muss dazu gesagt werden, dass aufgrund der Nutzung von Mobiltelefonen und sozialen Medien durch Minderjährige, derartige Dateien vielfach geteilt werden. Ein Beispiel:
Eine 14-Jährige hat mit einem 16-Jährigen eine Beziehung. Beide sind bereits sexuell aktiv. Der 16-Jährige möchte ein Video
davon machen, wie die 14-Jährige ihn oral befriedigt. Er versi-
chert dem Mädchen, dass dieses Video niemand anderer sieht
und nur für ihn ist. Die 14-Jährige stimmt dem zu. Während
eines Fußballtrainings zeigt der junge Mann das Video einem
Freund. Dieser erzählt es in die Runde und die ganze Mannschaft
macht Druck, das Video zu teilen. Der 16-Jährige stimmt zu und
stellt das Video in eine WhatsApp-Gruppe. Kurze Zeit später erfährt es bereits das Mädchen, wobei es aber schon zu spät
ist. Das Video verteilt sich innerhalb weniger Stunden weltweit,
wie ein aggressives unaufhaltsames Virus. Die strafrechtliche
Komponente ist hier einmal außer Acht zu lassen. Genau solche Dateien landen in WhatsApp-Gruppen, die Lukas z. B. besucht hat oder auf anderen sozialen Medien und sogar im Darknet. Diese Fälle häufen sich auch bei den Anzeigen seitens der
Eltern der betroffenen Personen.

F: *Lukas, wie viele illegale Videos und Bilder sind, deiner Meinung nach, auf den sichergestellten Datenträgern gespeichert?*

A: *Vielleicht 10 oder 20. Ich weiß es nicht.*

F: *Glaubst du, dass du eine pädophile Neigung hast? Weißt du, was das Wort „pädophil" überhaupt bedeutet?*

A: *Ja, weiß ich, aber nein. Ich stehe nicht auf Kinder.*

Gegen Ende der Vernehmung wurden noch die technischen Details mit Lukas geklärt, also Computerkenntnisse, Nutzung von Darknet, Zugangsdaten zu diversen Plattformen, etc.

Nachdem dieser Part erledigt war, ging ich wieder in den Wartebereich, um Lukas' Mutter hinzuzuziehen. Bereits am Weg in die Kanzlei bat sie mich um Hilfe, was sie mit Lukas nun tun sollte. Ich riet ihr, mit der Kinder- und Jugendhilfe zu sprechen, da eindeutig Missbrauchsabbildungen von Unmündigen von Lukas gespeichert wurden. Außerdem hatte ich so ein Gefühl, dass Lukas noch viel mehr loswerden wollte und ihn etwas bedrückte.

Als wir gemeinsam die Vernehmung durchgingen, fiel mir der Satz wieder auf, den Lukas zu Beginn der Vernehmung von sich gab: *„Vor Corona habe ich eine Freundin gehabt. Wir haben uns aber nur geschrieben, sie wollte ja nicht mehr wie schreiben."* Ich zog das Vernehmungsprotokoll auf meine Seite und wusste, dass Lukas uns in diesem Fall wissentlich nicht die Wahrheit gesagt hatte. Während er diese Antwort gab, war Lukas schüchtern, schon fast beschämt. Als seine Mutter nicht mehr im Raum war, erzählte er diese Sachen sehr selbstbewusst und einigermaßen offen. Es war dieser Reaktionswechsel, der mich skeptisch machte und mich dazu bewog, das sichergestellte Mobiltelefon von Lukas vor Übergabe an die IT kurz durchzusehen.

Da stand ich also, an diesem kalten Wintertag in meinem Büro in der Stadt. Die sichergestellten Gegenstände wurden zur ComputerBeweissicherung gebracht, ausgenommen das Handy. Bevor dieses ebenfalls an die Fachabteilung übergeben wurde, wollte ich mich eigentlich vergewissern, ob ich mit meiner Vermutung richtiglag, was die angebliche Freundin von

Lukas betraf. Tatsächlich fand ich neben einer Vielzahl von illegalen Pornos keine Hinweise auf ein Mädchen, mit dem der Beschuldigte Kontakt hatte. Bevor ich mich auf den Weg zur den KollegInnen IT machte, schaute ich mir noch den altmodischen SMS-Verkehr an. Ehrlicherweise erwartete ich mir jetzt nicht sehr viel Erhellendes, da Jugendliche die SMS-Funktion kaum nutzen. Doch in diesem SMS-Chatverkehr wurde ich fündig. Ich fand einen intimen Chat mit einer „Lisa s". Mit diesem Chat ging ich in das Büro meiner Chefin und beriet mich über die weitere Vorgehensweise. Der nächste Schritt war die Kontaktaufnahme mit der zuständigen Staatsanwaltschaft. Auch der Staatsanwalt war von den neuen Erkenntnissen, basierend auf dem SMS-Chat, sehr überrascht und bat mich um kurze Bedenkzeit, zwecks weiterer Schritte. Eine Stunde später rief er mich zurück und teilte mir mit, dass ich umgehend zur Familie fahren solle, um ihnen klar zu machen, dass Lukas und seine Halbschwester rasch räumlich getrennt werden müssen (Anm.: Damit war sogar eine häusliche Trennung gemeint). Sollte die Familie nicht zustimmen, werde er eine Festnahmeanordnung an uns übermitteln. Er habe dies mit dem zuständigen Richter vorab bereits besprochen.

Gemeinsam mit meinem Kollegen fuhren wir wieder in Richtung des Doppelhauses. Dort angekommen läutete ich und Lukas' Vater öffnete die Türe. Er war sehr überrascht und fragte mich sogleich, was passiert sei. Nachdem ich davon ausging, dass Lukas' Eltern keine Ahnung hatten, was für einen Chat ich gefunden hatte, bat ich, dass wir uns im Esszimmer zusammensetzen. Bevor Lukas und Lisa dazukamen, sprach ich mit den Eltern. Die Reaktionen waren verständlich. Zuerst völlig entsetzt und ablehnend, später weinerlich und wütend auf Lukas. Ich teilte ihnen mit, dass Vernehmungen folgen werden, aber ab sofort eine räumliche Trennung zwischen Lukas und Lisa stattfinden müsse. Roland R. äußerte sich sofort negativ zu dieser Entscheidung, doch die Konsequenzen brachten ihn wieder in die weinerliche Verfassung. Meinem Kollegen fiel auf, dass die beiden Kinder an der Tür lauschten, und daher bat ich sie ebenfalls ins Esszimmer.

„Ich überlasse es Ihnen, wie Sie das anstellen, aber ich melde mich heute um 18:00 Uhr und bis dahin wünsche ich bzw. die Staatsanwaltschaft eine Lösung", teilte ich den sichtlich schockierten Eltern mit.

Auf dem Weg zurück in mein Büro telefonierte ich erneut mit dem Staatsanwalt. Dieser gab sich zufrieden und bot mir an, bei weiteren Problemen jederzeit erreichbar zu sein. Angekommen im Büro war der Abend bereits angebrochen und es war dunkel draußen. Die Kälte war ohne die Sonne noch frostiger. Ich setzte mich auf meinen Stuhl und wartete, bis es 18:00 Uhr wurde.

Geschwisterliebe

Generell könnte man meinen, dass eine sexuelle Beziehung zwischen Geschwistern selten vorkommt oder zumindest nur dort, wo es gestörte sexuelle Persönlichkeiten gibt. Fakt ist, dass besonders unter Heranwachsenden es gar nicht so wenige Vorfälle gibt, aber diese eben polizeilich nicht bekannt werden. Offizielle Statistiken gibt es kaum und auch Anzeigen diesbezüglich gibt es im deutschsprachigen Raum nicht sehr häufig. Im Fall von Lukas R. wurde die Blutschande von mir zusätzlich, auf Basis der aufgefundenen SMS, angezeigt. Allgemein betrachtet wird dieser Paragraf des Strafgesetzbuches dann angewandt, wenn die Möglichkeit besteht, dass eine Gefahr einer widerrechtlichen Fortpflanzung, z. B. zwischen Geschwistern, besteht. Gesetzliche Ausnahmen sind auch hier vorhanden, auf die ich aber nicht weiter eingehe.

Bei Lukas war die Sache aber komplizierter, da anhand der Tatsache des Online-Kindesmissbrauches und der möglichen sexuellen Beziehung zu seiner 12-jährigen Halbschwester die zuständige Staatsanwaltschaft eine mögliche Gefährdung des Opfers befürchtete. Auch der Altersunterschied zwischen den beiden ist zu groß, als dass man hier von einem „normalen" Interesse ausgehen konnte. Es war somit eine gewisse pädophile

Tendenz bei Lukas zu erkennen, die er bei seiner Halbschwester bis zuletzt mutmaßlich auslebte.

Nachdem also die Familie R. über die Verfügung der Staatsanwaltschaft bezüglich der räumlichen Trennung der Geschwister von mir informiert worden war, wartete ich in meinem Büro bis 18:00 Uhr, als ich zum Hörer griff. Ich wählte die Nummer von Roland R. Bis zuletzt stand die Möglichkeit einer Festnahme von Lukas im Raum, jedoch war ich überzeugt, dass die Familie an einer Lösung arbeitete. Zu Beginn des Gesprächs mit Lukas' Vater war noch eine gewisse Skepsis hörbar, aber gegen Ende des Telefongesprächs wurde eine Lösung präsentiert. Lukas wird fortan bei der Tante nächtigen und sich nur unter Aufsicht zu Hause aufhalten. Dies wurde der Staatsanwaltschaft so mitgeteilt, die mit der Variante einverstanden war.

Für mich begann ab diesem Zeitpunkt die Arbeit so richtig. Es wurde eine zweite Beschuldigtenvernehmung zu den neuen Vorwürfen vereinbart. Ich überlegte wie viel es noch geben würde über den 17-Jährigen, was ich bis zur Vernehmung noch nicht wusste. Die Person, die am meisten über Lukas wusste, war seine Halbschwester.

Vor der Einvernahme von Lukas wurde von unserer Seite noch mit der 12-jährigen Lisa gesprochen. Sie war schließlich das Opfer des Vorfalles. Um auch rechtlich die Sachlage einordnen zu können, wurde mit der Staatsanwaltschaft Rücksprache gehalten. Diese gab an, dass der schwerer sexueller Missbrauch von Unmündigen aufzunehmen sei.

Die Opfervernehmung des 12-jährigen Mädchens gestaltete sich als schwierig. Die Kolleginnen versuchten, die Tathandlungen so detailliert wie möglich herauszuarbeiten, aber jede Antwort verursachte noch mehr Fragen. Grundsätzlich beantworten Kinder Fragen zu sexuellen Abläufen zu Beginn verständlicherweise sehr zurückhaltend und schambehaftet. Doch nach einiger Zeit öffnen sie sich und antworten direkt. Sie wissen genau, was wann und wo passiert ist und sind für Ermittlungen sehr ausschlaggebend.

Nach Ende der dreistündigen Opfervernehmung von Lisa konnten zumindest vier sexuelle Übergriffe von Lukas festgestellt werden. Auch der Charakter von ihm wurde von ihr geschildert.

Sie beschrieb Lukas als schönen Jungen, der auch ihren Freundinnen sehr gefiel. Besonders deswegen, weil er jünger wirkte, war er für die Mädchen sehr interessant. Weiter gab Lisa an, dass ihr Halbbruder sehr schüchtern sei und niemals Mädchen von sich aus angesprochen habe. Auch dann, wenn er direkt von den jungen Damen angesprochen worden sei. Lukas habe, laut Lisa, keine weiteren Freunde. Er sei ausschließlich mit Computerspielen beschäftigt und habe dort den einzigen Kontakt zur Außenwelt. Manchmal habe Lisa das Gefühl, sie sei in der Entwicklung weiter als ihr Halbbruder. Seitdem sie 9 gewesen war, habe er ihr alle intimen Geheimnisse anvertraut. Viele Sachen, die er ihr erzählt habe, habe sie „googeln" müssen, da sie diese nicht verstanden habe.

Verstört habe sie ein Vorfall ein Jahr vor der Hausdurchsuchung. Sie sei um 01:00 Uhr nachts auf die Toilette gegangen und sei an Lukas' Zimmer vorbeigegangen. Dabei habe sie gehört, dass er noch wach gewesen sei. Sie habe die Tür einen kleinen Spalt geöffnet und habe Lukas auf einem Bürosessel sitzen gesehen. Er sei nackt gewesen und habe mit seinem Penis gespielt. Sie habe ihn einige Minuten beobachtet, weil sie neugierig gewesen sei. Dann habe sie gehört, wie er zu kichern und stöhnen begonnen habe, wodurch sie Angst bekommen habe. Sie habe gedacht, dass ihr Halbbruder verrückt geworden sei und sei in ihr Zimmer gelaufen.

Als sie einige Tage später mit ihren Freundinnen gesprochen habe, habe sie verstanden, was Lukas da mache. Ihre Freundinnen haben ihr gesagt, dass ihre Brüder das auch gemacht haben und das eben so ein „Jungs-Thema" sei. Einige Tage später habe sie Lukas darauf angesprochen und er habe dann zu weinen begonnen. Er habe ihr gegenüber gesagt, dass er noch nie eine Freundin gehabt habe und er einsam sei. Er wisse nicht, was man mit Frauen machen kann. Da er ihr leidgetan habe, habe sie ihm versprochen, dass sie ihm helfen werde.

Lisa wollte meinen Kolleginnen die genauen Details der Handlungen nicht sagen. Sie erklärte sich aber bereit, alles in Sätzen aufzuschreiben.

Dabei schrieb Lisa Folgendes auf: *„Lukas wollte, dass wir es mit Küssen probieren. Ich habe das nicht so schön gefunden. Er wollte dann meine Scheide erforschen und hat mit seinen Fingern bei mir rumgemacht. Insgesamt haben wir dann drei Mal Poposex gemacht, er bei mir. Das hat mir aber wehgetan. Lukas hat gesagt, es fehlt eine Creme, damit sein Penis bei mir reinpasst. Ich habe mich nicht so gutgefühlt."*

Ebenso penetrierte er sie mit seinen Fingern im Vaginalbereich.

Mit diesen Erkenntnissen bereitete ich die zweite Beschuldigtenvernehmung von Lukas R. vor. Mich interessierte vor allem, warum ein 17-Jähriger derartige sexuelle Handlungen setzte und keiner davon etwas mitbekam. Bei der Vernehmung war ein Rechtsanwalt anwesend. Seine Eltern warteten währenddessen vor dem Polizeiwachzimmer.

Eine Vernehmung mit Rechtsanwalt kann entweder problemlos ablaufen oder auch langwierig und kompliziert. Es kommt aber hierbei nicht auf die Person des Anwalts an, sondern auf den Beschuldigten selber. Tatverdächtige haben zumeist eine gewisse Erwartungshaltung von deren Rechtsvertretern, ähnlich wie im Fernsehen. Meistens sind sie überrascht, dass der Anwalt während der Vernehmung im Hintergrund ist.

Den Rechtsanwalt von Lukas kannte ich nicht. Er war jung und nahm einen Tag vor der Vernehmung die gesetzlich mögliche Akteneinsicht (Einsichtnahme in alle vorhandenen Akteile, die in den Ermittlungen angefertigt wurden). Die Motivation des Anwalts war spürbar groß, besonders, weil er vor Beginn der Vernehmung mehrmals betonte, wie wichtig es sei, dass man Jugendlichen noch eine Chance geben sollte. Darüber hinaus teilte er mir auch mit, dass bereits eine Therapiemöglichkeit für Lukas gefunden worden sei.

Anhand der ersten Antworten in der Vernehmung erkannte ich, dass Lukas vom Rechtsanwalt vorbereitet wurde. Die Sätze waren kurz und prägnant. Sie ließen kaum Spielraum zur

Interpretation oder für etwaige Nachfragen meinerseits. Diese Variante der Beantwortung kann in Fällen gut laufen, wo die Sachbeweise sehr dürftig sind. In Lukas' Fall gab es aber Beweise, die kaum Interpretationen zuließen.

F: *Wie hat das zwischen dir und Lisa begonnen?*
A: *Küssen.*
F: *Wann?*
A: *Vor einem Jahr.*
F: *Wann genau?*
A: *Weiß ich nicht mehr.*
F: *Wie oft ist es zu sexuellen Handlungen gekommen?*
A: *Einmal.*
F: *Deine Halbschwester hat uns aber von drei Vorfällen berichtet.*
A: *Nein, es war nur einmal.*

Nachdem der Rechtsanwalt bemerkte, dass diese Taktik bei Lukas nicht ganz funktionierte, bat er um eine Unterbrechung, was ihm genehmigt wurde. Nach ca. 10 Minuten und lauten Worten aus dem Nebenzimmer betraten beide wieder den Vernehmungsraum und die Situation änderte sich schlagartig. Lukas wollte in einer Zusammenfassung alles darlegen, ohne etwas zu verschweigen.

„*Sie müssen wissen, obwohl ich 17 Jahre alt bin, habe ich keinerlei sexuelle Erfahrungen. Mein Papa hat mich schon aufgeklärt und mir angeboten, dass ich jederzeit zu ihm kommen kann, falls ich Fragen habe. Das Problem war, dass ich irgendwie mit 12 Jahren stecken geblieben bin, was meine sexuellen Interessen betrifft.*"

Lukas unterbrach seine Ausführungen und begann bitterlich zu weinen. Sowohl sein Anwalt als auch ich redeten ihm Mut zu weiterzuerzählen. Zum ersten Mal in seinem Leben konnte Lukas seine innersten Gefühle und Geheimnisse jemandem anvertrauen und das nicht ganz freiwillig. Diese Situation ist für Erwachsene sehr fordernd, für einen Jugendlichen umso mehr. Es sind Momente voller Scham und Angst.

Lukas setzte sein Geständnis fort.

„Mein Freundeskreis beschränkt sich auf Online-Freunde und den 13-jährigen Bruder eines Klassenkollegen. Mit Lisa habe ich immer über alles reden können. Irgendwie hat sie mich verstanden."

Ich musste Lukas unterbrechen und fragte ihn konkret nach den sexuellen Komponenten bzw. zu welchem Zeitpunkt er „falsch abgebogen" war.

„Pornos habe ich das erste Mal gesehen, als ich 9 Jahre alt war. Das weiß ich deswegen, weil ich da mein erstes Handy bekommen habe. Das erste Mal masturbiert habe ich mit 10."

Alle im Raum merkten Lukas' Anspannung. Besonders die heiklen Passagen seines Geständnisses wurden sehr langatmig, ausschweifend, teilweise auch verharmlosend. Gewisse Worte wie z. B. „masturbieren" oder „Penis" nahm er ungern in den Mund und umschrieb mit anderen Wörtern. Doch je mehr er uns erzählte, desto leichter fiel es ihm.

F: *Lukas, was hat das Ganze aber mit deiner Halbschwester zu tun? Wir müssen hier nun schon auf den Punkt kommen.*

Er blickte zu seinem Anwalt, der ihm zunickte und dann redete er weiter.

„Zu Lisa habe ich mich irgendwie hingezogen gefühlt, seitdem ich 15 bin. Also so vor ca. 2 Jahren. Wir haben herumgeblödelt, als sie mich gefragt hat, was ich alles so mit Mädchen gemacht habe. Eigentlich wollte ich die Frage nicht beantworten, da sie mir peinlich gewesen ist. Aber nachdem ich immer ehrlich zu ihr bin, habe ich ihr die Wahrheit gesagt. Sie wusste ab diesem Zeitpunkt, dass ich absolut keine Sachen mit Mädchen gemacht habe. Dann hat sie mich gefragt, was ich unbedingt ausprobieren möchte. Mir ist dann spontan küssen eingefallen und sie hat von sich aus gesagt, ob ich das bei ihr ausprobieren will. Ich war total baff und wusste nicht, was ich tun soll. Unsere Eltern waren im Wohnzimmer und haben ferngesehen. Ich hatte Angst, dass sie uns erwischen. Nachdem es noch nicht 08:00 Uhr am Abend war, hatte ich den Vorschlag, dass Lisa und ich in den Wald gehen und es dort ausprobieren. Im Wald hatten wir einen eigenen Platz, unsere „Wood Chat Zone". So haben wir die genannt. Auf diesem Platz sind wir uns gegenübergestanden. Lisa ist ja viel kleiner als ich und ich habe mich daher zu ihr nach unten gebeugt

und habe ihr ein Bussi auf den Mund gegeben. Für uns war das aber nicht wirklich was Neues, daher habe ich sie gefragt, ob ich es mit der Zunge auch probieren darf. Nachdem sie nichts gesagt hat, habe ich es durchgezogen. Die Sache hat vielleicht ein oder zwei Minuten gedauert. Für mich hat sich das aber irgendwie falsch angefühlt. Dann hatte ich auf einmal Angst, dass sie was unseren Eltern sagt. Sie hat mir aber dann versprochen, dass es unser Geheimnis bleibt. Wir sind dann heimgegangen, als wäre nichts gewesen. Ehrlich gesagt, habe ich aber über den Kuss sehr viel nachgedacht und bin mir die Situation immer wieder durchgegangen. Es hat mich schon erregt, aber ich hatte dann wieder Angst, weil ich schon gewusst habe, dass es falsch war. Ich checke es einfach nicht, was mit mir los ist. Das Küssen haben wir dann insgesamt noch drei Mal ausprobiert. Beim letzten Mal hat Lisa mir aber gesagt, dass sie das nicht mehr will, weil sie es eklig findet. Ich habe mich danach unwohl gefühlt und habe mich zurückgezogen und mit niemandem gesprochen."

F: *Haben eure Eltern nichts bemerkt?*
A: *Meine Mama hat mich ein paar Mal gefragt, warum ich so ruhig bin in letzter Zeit und auch nicht mehr mit Lisa so viel spiele. Ich habe ihr aber erzählt, dass ich einen Streit mit einem Freund hatte und es mir nicht so gut geht. Sie hat mir geglaubt.*
F: *Was hat Lisa gesagt?*
A: *Das war ja das Komische. Sie ist trotzdem zu mir gekommen und wollte wissen, ob ich böse auf sie bin. Aber ich habe mich vor mir selbst geschämt. Ich habe auf Google nachgeschaut, ob etwas nicht mit mir stimmt. Aber da kommen ja keine wirklichen Antworten. Nur, dass man nicht mit seiner Schwester schlafen darf, wegen Inzucht, und dass man halt einen Psychiater aufsuchen soll. Das war auch die Zeit, wo ich nach Pornos geschaut habe, wo die Mädchen jünger sind.*
F: *Wie jung?*
A: *So alt wie ich oder wie Lisa. Da habe ich in den Chats auf WhatsApp schnell Gruppen gefunden. In einer Woche hatte ich fast 1.000 Videos.*
F: *Was haben die Videos mit dir gemacht?*

A: *Hm … (Lukas schaut zu Boden und kämpft mit den Tränen)*
ich habe mir immer wieder einen runtergeholt, da mich die jungen Mädchen so scharfgemacht haben. Ich habe mich danach so geschämt, weil ich gewusst habe, dass das Pornos-Schauen von jungen Mädchen verboten ist. Aber ich war so neugierig, vielleicht auch süchtig.
F: *Wie ging es dann weiter?*

Lukas rang mit seiner Stimme. Seine Tränen kullerten die Wange herunter und er vergrub sein Gesicht in seine Hände.

A: *Ich hatte den großen Drang, dass ich einmal etwas ausprobiere. Andere Mädchen ansprechen habe ich mich nicht getraut. Ich habe es auf Snapchat probiert. Bei einigen bin ich sogar online intim geworden und wir haben Nacktfotos hin- und hergeschickt, aber oft habe ich dann bemerkt, dass es falsche Accounts waren. Innerlich habe ich gekämpft und habe schlussendlich Lisa angesprochen.*
F: *Was hast du ihr gesagt und wie hat sie reagiert?*
A: *Zu Beginn habe ich auf ihre Scheide greifen dürfen, aber nur von außen, als sie die Unterhose anhatte. Ich wollte fühlen, wie das so ist. Später wollte ich meinen Penis in ihr Loch stecken, aber ich war ja nicht blöd. Ich wusste ja, dass sie schwanger werden kann dadurch. Unsere Eltern sollen ja nichts merken. Da kam mir eine Idee von den Pornos, der Analsex halt. Das hat aber auch nicht geklappt, obwohl wir es drei Mal ausprobiert haben. Ich bin aber nie ganz reingekommen in ihren Po. Gleitgel benützen habe ich mich nicht getraut. Ich wusste ja nicht, wie ich das kaufen soll. Online bestellen würden meine Eltern ja merken. Mir ist es danach immer sehr schlecht gegangen, ich habe gefühlt, dass das sehr falsch war. Außerdem hat Lisa auch gesagt, dass ihr das wehtut. Ich wollte ihr ja nicht wehtun. Ich dachte, ihr gefällt es auch. Das mit der SMS von meinem Handy und die Creme, die Lisa erwähnt hat, war ihre Idee, da sie dann vielleicht weniger Schmerzen hätte. Wir haben es aber nicht mehr ausprobiert. Als ich bei ihr war, haben wir lange gesprochen und ich habe dann schon gemerkt, dass sie das eigentlich alles nicht will."*

Das Ende der Vernehmung war von sehr vielen Tränen von Lukas begleitet. Insgesamt dauerte die Vernehmung vier Stunden. Die Herkunft und der Grund der zu Beginn erwähnten SMS war somit geklärt. Es war damit gesichert, dass Lukas R. seine fünf Jahre jüngere Halbschwester schwer sexuell missbraucht hatte. Die endgültige strafrechtliche Beurteilung oblag ab da dem zuständigen Gericht. Die polizeilichen Ermittlungen waren damit abgeschlossen.

Abschluss

F: *Lukas, wie geht es dir nach der Vernehmung?*
A: *Es klingt voll komisch, aber ich fühle mich schon irgendwie befreit und erleichtert. Das, was passiert ist, hat bis auf Lisa, keiner gewusst. Ich habe bis zur Hausdurchsuchung keine Ahnung gehabt, wie ich da wieder rauskomme, aber jetzt geht es mir besser.*

Mit dem Ende der Einvernahme verließen wir die Vororte der Großstadt. Meine Gedanken kreisten um den Fall und die bekanntgewordenen Tatsachen. Ich hatte irgendwie großes Mitleid mit der 12-jährigen Lisa, die ihre ersten sexuellen Erfahrungen mit ihrem älteren Bruder hatte. Aber auch Lukas steht noch viel Arbeit bevor, unabhängig vom gerichtlichen Urteil.

Bei der Auswertung der Datenträger von Lukas befanden sich zwar einige Missbrauchsabbildungen von Minderjährigen darauf, aber fast ausschließlich welche in seiner Altersgruppe. Datenträger, die keine verbotenen Dateien beinhalteten, wurden von mir sechs Monate später an seine Eltern zurückgegeben. Mir war es ein großes Anliegen, dass ich selber diese Tätigkeit durchführe, da es ja doch mein erster großer Fall war und mich die weitere Entwicklung der Familie sehr interessierte.

Martina R. öffnete die Haustür und begrüßte mich sehr freundlich. Mir fiel auf, dass doch eine gewisse Unsicherheit in ihrer Sprache vorhanden war, hatte sie doch noch immer

Befürchtungen, dass weitere Dinge, von denen sie nichts wusste, aufgetaucht sind. Sie bat mich herein und erzählte gleich von sich aus, was in der letzten Zeit in der Familie so passiert ist: *„Irgendwie ist es ja eigenartig, aber Lukas hat sich seitdem sehr geöffnet und über seine Probleme und Sorgen mit uns gesprochen. Auch, wenn es ihm mal wieder nicht gut geht, kommt er zu meinem Mann und zu mir und spricht über seine Probleme. Das war früher nie so. Mein Mann und ich denken aber bis heute darüber nach, was wir in der Erziehung falsch gemacht haben. Wir fragen uns, warum wir Lukas' Neigung und die Sache zwischen ihm und Lisa nicht bemerkt haben. Das ist einfach unbegreiflich. Kurz vor der 2. Vernehmung hat Lukas eine Therapie bekommen. Die Bezirkshauptmannschaft hat uns da etwas organisiert. Sowohl er als auch Lisa haben jede Woche einen Termin dort. Auf Lisa konzentrieren wir uns besonders stark, da sie ja Opfer ist und das für sie sicher sehr schwer zu verarbeiten sein wird. Zusätzlich zahlen wir privat eine Familientherapie, wo wir jede zweite Woche hingehen. Lukas' Therapeutin hat auch gesagt, dass er sicher eine gute Chance haben werde, seine sexuellen Neigungen und Probleme schnell in den Griff zu bekommen. Ich hoffe, dass die dunkelsten Stunden in meiner Familie nun hinter uns liegen und jetzt nur mehr Licht zu sehen ist."*

Auch Lukas' Vater rief mich nach der Rückgabe der Geräte auf meinem Diensthandy an. Obwohl er, verständlicherweise, seine Familie vor etwaigen Konsequenzen schützen wollte, war er doch froh, dass diese schwere Zeit nun hinter ihnen lag und es jetzt vorwärtsging. Er sei froh gewesen, dass sein Sohn doch noch so jung sei, denn er habe sich gar nicht ausmalen wollen, was passiert wäre, wenn er 18 oder noch älter gewesen wäre. Lukas im Gefängnis sei für ihn ein absoluter Albtraum gewesen. Zusätzlich teilte er mir noch mit, wie sehr Lukas darunter litt, dass er nicht sein leiblicher Vater ist. Dieser Umstand schlummerte jahrelang in der Seele des jugendlichen Täters.

Nach Beendigung des Gespräches nahm ich meinen roten Ordner und stellte ihn in das Regal mit der Aktenablage. Meinen ersten Akt konnte ich, trotz aller Hürden, erfolgreich abschließen.

Dieser Akt zeigte mir, dass Jugendliche, welche sich sehr stark zurückziehen, einer immerwährenden Gefahr ausgesetzt sind. Sie äußern sich nur bedingt über ihre Gefühle und wollen oft alleine gelassen werden. Besonders hier ist es mit Sicherheit wichtig, dass Eltern nicht aufgeben und weiter versuchen, Kontakt mit ihrem Kind aufzubauen oder aufrechtzuerhalten. Auch der Umgang mit der Online-Welt führt Kinder oft in die falsche Richtung. Über das Internet erhalten die Minderjährigen ungefiltert Fotos, Videos und Chatpartner, die ihrer Entwicklung durchaus schaden können. Sollten Kinder tatsächlich abgleiten, gibt es dennoch Abhilfe auf verschiedenen Ebenen. Neben kostenloser persönlicher Beratung können Eltern auch online sehr viel Information erhalten. Eine frühe Beratung verhindert zumeist ein Abrutschen in die Illegalität, in Verbindung mit der Begehung von Online-Kindesmissbrauch.

DER FALL „BERNHARD T"

Der Zugriff

Ganz anders als der Fall „Lukas R." gelagert wurde mir als Autor der Akt des Bernhard T. geschildert. Dieser war 45 Jahre alt, arbeitete in einer Produktionsstätte für Feuerwerkskörper, saß bereits zwei Mal in diversen Justizanstalten ein, unter anderem wegen Delikten gegen das Vermögen, sowie auch dem Besitz und Verbreitung von Missbrauchsabbildungen an Kindern. Zusammengefasst ist T. entsprechend amtsbekannt und daher nicht leicht auffindbar. Die Kriminalbeamtin schilderte den Fall wie folgt:

Als ich mir den Akt durchgesehen habe, ging ich zuerst einmal davon aus, dass es keine Kunst ist, Bernhard T. zu finden. Doch da täuschte ich mich gewaltig. Bei seinem Arbeitgeber gab er eine falsche Adresse an, sämtliche Briefe wurden von ihm persönlich an der Arbeitsstätte abgeholt. Über zehn Jahre lebte T. als sogenanntes „U-Boot" (= jemand, der seinen Aufenthaltsort bewusst verheimlichen will) in einer mittelgroßen Stadt.

Somit beschränkte sich meine Arbeit zuerst einmal darauf, T. zu finden. Alle von NCMEC gelieferten Daten verliefen im Sand. Die angegebene Mailadresse, mit der er die Online-Missbrauchsabbildungen der unmündigen Mädchen auf die Cloud hochgeladen hatte, wurde seitens des Onlineanbieters gesperrt. Sämtliche Telefonnummern von T. waren nicht mehr aktiv. Einzig die Adresse des Arbeitgebers war bekannt. Eine Firma, die in Polizeikreisen dafürstand, keine Auskünfte an Behörden freiwillig zu kommunizieren.

Also musste ich über das Gericht und mithilfe der einer Spezialeinheitden Aufenthaltsort und das Bewegungsprofil des T. herausfinden.

Grundsätzlich muss ich sagen, dass Personen mit einschlägigen Erfahrungen und einer aufrechten Personenfahndung

Spezialisten im Untertauchen sind, sofern sie keine Suchterkrankung oder Familien haben. Sie wollen von den Behörden einfach nicht aufgefunden werden und können ihre Spuren, trotz Social Media Präsenz, gut verschleiern.

Bei Bernhard T. dauerte es nicht lange, ihn über seine Arbeitsstelle ausfindig zu machen, aber er schaffte es doch jedes Mal, nicht direkt zu seiner Unterkunft heimzufahren, sondern mehrere Abstecher zu machen. Als hätte er geahnt, dass er beobachtet wurde. Diese Situation führte dazu, dass nach knapp zwei Wochen intensiver Ermittlungen genau drei mögliche Nächtigungsmöglichkeiten des T. feststanden.

Zwei davon konnten von mir relativ schnell ausgeschlossen werden, da sich darin offiziell niemand befinden konnte, weil es leere alte Lagerhallen waren.

Was T. darin gemacht hatte, offenbarte er uns erst in seiner ersten Vernehmung. Also blieb mir nur eine Adresse übrig und diese befand sich ironischerweise direkt neben einer Polizeistation. Meine Freude über die Aufenthaltsadresse hielt aber nur kurz an, als mir die Kollegen der Spezialeinheit mitteilten, dass an dieser Adresse 85 Parteien offiziell gemeldet waren. Mit intensiver Bemühung fanden die Kollegen der Einheit heraus, dass T. zumindest im obersten Stockwerk eine Wohnung aufsuchte. Eine genaue Lokalisation war, aufgrund der Gefahr des Auffliegens der Aktion, unmöglich.

Anhand diverser Ausschlusskriterien und auch mit ein wenig Glück war es mir möglich, die genaue Wohnungsnummer entsprechend festzustellen. Ein Zugriff direkt bei der Haustür war aber, aus meiner Sicht, taktisch unklug, da der Überraschungseffekt fehlen würde, womit die Anhaltung auf dem Weg zur Arbeit passieren musste. Dankenswerterweise bekamen wir von der Staatsanwaltschaft eine Festnahmeanordnung dazu, da noch ein paar Verfahren von damals offen waren. Für mich war es also angerichtet, wie man umgangssprachlich diese Situation beschreibt.

Treffpunkt des Zugriffes war 05:30 Uhr in der Früh im Innenhof einer Polizeiinspektion. Gemeinsam mit den Kollegen von der Einheit wurde die Taktik besprochen, danach bezogen wir Position. Ich saß mit einem erfahrenen Kollegen im Auto und wir hatten Sichtkontakt zu einem der drei Ausgänge eines unwirtlichen Altbaus aus der Vorkriegszeit. Es war kalt, gerade einmal zwei Grad plus und der Regen prasselte auf die Windschutzscheibe. Ich musste immer wieder das Fahrzeug starten, damit die Scheibe innen nicht beschlug. Über den Funk hörten wir den Kollegen der Spezialeinheit zu, die in und um das Gebäude positioniert waren. Auch bei einer Bahnhaltestelle konnte ich die Zugriffstruppe lokalisieren. *„Ob T. uns alles sagen wird?"*, fragte ich meinen Kollegen, mit dem Blick weiter auf das Gebäude gerichtet. *„Solche Typen wissen ganz genau, was sie sagen können und was nicht. Der hat schon mehrfach im Gefängnis gesessen, ohne harte Beweise sagt der sicher nichts"*, antwortete er mir wie aus der Pistole geschossen. Weiter ergänzte mein Kollege: *„Die Taktik ist hier entscheidend. So wie er dir die Information scheibchenweise vorlegt, so rückst du mit deinem Kenntnisstand heraus. Ich gehe fix davon aus, dass er die Spielchen ganz genau kennt. Und wer sitzt schon wegen Online-Kindesmissbrauch im Gefängnis?"*

Nachdem fast 30 Minuten seit der Positionierung vergangen waren und immer mehr Leute auf dem Weg zur Bahn bzw. in die Arbeit waren, wurde es hektisch am Funk:

„Zielperson fährt mit dem Aufzug hinunter!"

„Zielperson verlässt das Objekt und geht in Richtung Bahn."

„Zugriff, Zugriff, bevor die Bahn in die Haltestelle einfährt!"

In wenigen Sekunden standen Dutzende Personen auf dem Bahnsteig. Ich konnte die Zielperson nicht gleich erkennen, aber ich drehte den Autoschlüssel in der Zündung um. Nachdem der Funkspruch mit der Bestätigung kam, fuhren wir hinter das Wohngebäude. Mit meinen Utensilien in der Hand stiegen mein Kollege und ich aus dem Auto aus und gingen schnurstracks zum Treffpunkt.

Die Kollegen standen rings um Bernhard T., welcher relativ gelassen dastand. Er war großgewachsen, ca. zwei Meter, mit langen schwarzen, ungepflegten Haaren und sehr kräftig gebaut. Bekleidet war er mit seiner Arbeitskleidung. Nach der

Durchsuchung nach gefährlichen Gegenständen händigte ich ihm die schriftliche Anordnung der Staatsanwaltschaft aus. Immer noch blieb T. gelassen. Doch interessanterweise begann er, trotz der unangenehmen Kälte zu schwitzen. Zuerst wurde sein Handy abgenommen, im Anschluss fragte ich ihn nach der korrekten Wohnung, aus der er vorher hinausgegangen war. Seine Gelassenheit wich schlagartig einer spürhaften Nervosität. „Ich glaube Türnummer 65 oder doch 63. Ich weiß es nicht mehr. Die ganze Aktion überrascht mich so sehr." In unserer Runde glaubte niemand daran, dass er tatsächlich die Türnummer vergaß. Nicht nur mich beschlich das Gefühl, dass T. nicht wollte, dass wir aus irgendeinem Grund die Wohnung betreten. „Der Wohnungsbesitzer schläft noch. Den will ich nicht verärgern", sagte er noch in meine Richtung. Bevor ich Druck auf ihn ausüben konnte, rief mir ein Kollege der Spezialeinheit zu: „Ich habe die Nummer. Die steht auf dem Zettel in seiner Geldbörse!" Mit Handschellen und Grifftechnik fixiert gingen alle gemeinsam in den 5. Stock vor die Wohnungstür. Mit dem Schlüssel in der Hand öffnete die Spezialeinheit die Wohnungstür und ging rasch in die Wohnung hinein. Als die Kollegen uns grünes Licht gaben, gingen wir mit Bernhard T. in die sehr kleine Ein-Zimmer-Wohnung. Gleich nach der Eingangstür befand sich die Küche. Als Raumteiler zwischen Küche und Wohn- bzw. Schlafzimmer fungierte ein Kleiderschrank. Sein überaus verdutzter Mitbewohner blickte uns überrascht und überrumpelt an. Nach Notierung seiner Daten schickten wir ihn vor die Tür. Sofort wusste ich, warum T. nicht wollte, dass die Polizei die Wohnung betritt. Es roch sehr intensiv nach Marihuana, jedoch nicht dieser klassische Geruch eines normalen Joints, sondern nach intensiven Blüten, die irgendwo trockneten. Tatsächlich befanden sich ca. 70 Blüten oberhalb des Küchenkastens zum Trocknen. Beim Öffnen des Kleiderschranks konnten wir ein primitives Gewächshaus mit UV-Lampe und Abluft sowie extremen Schimmelbefall feststellen.

Auf das Suchtgift angesprochen machte T. widersprüchliche Angaben. Zuerst sei die Sache mit dem Marihuana die Idee seines Mitbewohners gewesen und dann haben doch beide nur Eigenkonsum betrieben. Mit der Unterstützung der lokalen Polizeikräfte wurde die Durchsuchung der winzigen Wohnung fortgesetzt.

Interessanterweise hatte T. viele persönliche Gegenstände in der Wohnung, was darauf schließen ließ, dass er schon sehr lange dort wohnte. Besonders ins Auge stach uns Ermittlern aber ein großer, voller Koffer. Der Inhalt waren keine weiteren Suchtmittel oder vielleicht Sexspielzeug, sondern ausschließlich Unterhosen. Es waren Unterhosen in allen möglichen Farben und Größen, für Männer und Frauen. Teilweise waren die Artikel noch originalverpackt und mit Preisetiketten versehen. Bernhard T. war es auch sehr wichtig, dass genau dieser Koffer als sein persönlicher Gegenstand mitgenommen werde.

Nach Abschluss der Hausdurchsuchung wurde T. in die Haft-räumlichkeiten überstellt und für die erste Vernehmung vorbereitet.

Ehrlicherweise hatte ich mir, aufgrund T.s Vergangenheit und seiner derzeitigen Wohnsituation, ein bisschen mehr Gegenwehr vorgestellt. T. war aber durchaus ruhig und sogar zu Scherzen aufgelegt. Generell wirkte er auf mich eher sanftmü-tig und sehr gelassen.

Die Vernehmung

Besonders im Polizeialltag fällt es mir auf, dass man Menschen aus unerklärlichen Gründen automatisch in Schubladen steckt und entsprechend kategorisiert. Man sieht eine Person A, hat eine Amtshandlung mit ihr, ermittelt über die Person und schon will man wissen, warum die Person so ist, wie sie ist bzw. warum sie so geworden ist. Manchmal führt es zu Vorurteilen, aber oft behält man mit der Einteilung recht.

Bei Bernhard T. war es ähnlich. Wie eingangs im vorherigen Kapitel erwähnt, verbrachte er mehrmals Aufenthalte in diversen

Justizanstalten. Ein Ausdruck seiner Auffälligkeiten im kriminalpolizeilichen Bereich füllte ganze drei (!) A4-Seiten. Die Delikte zogen sich quer durch das Strafgesetzbuch. Diebstähle in verschiedenen Ausprägungen, Körperverletzungen, Verstöße gegen das Verbotsgesetz, sowie auch zwei Verurteilungen wegen Besitz von pornografischen Darstellungen Minderjähriger. Zusammengefasst ist T. für mich ein klassischer Wiederholungstäter.

Bei derart einschlägig erfahrenen Menschen ist es mir wichtig, dass ich bei der Vernehmung auf die Person und seine Lebensgeschichte eingehe. Nur so erfährt man das „Warum" und vor allem, welche Gründe zu seiner Rückfälligkeit führten. Daher war es umso interessanter, als Bernhard T. auf die erste Frage zu seiner Person überrascht und fast schon peinlich berührt reagierte. *„Ehrlich gesagt hat mich noch nie jemand so nach meiner Person gefragt. Ich weiß gar nicht, was ich hier sagen soll?"*, fragte der Beschuldigte mich und meinen Kollegen.

F: *Fangen Sie einfach mit Ihrem Werdegang, Kindheit etc. an.*

T. richtete sich ein wenig auf seinem Stuhl auf. Sein leichtes Dauergrinsen wich einer ernsten Miene und ich sah zum ersten Mal, wie ihm etwas nicht gleichgültig war.

A: *Zu meiner Kindheit kann ich nur eines sagen: „Scheiße". Wissen Sie, wie das ist, wenn man als Kind immer Angst haben musste, wenn der Erzeuger betrunken heimkommt und dich mit einem Gürtel verprügelt und das ohne Grund? Als meine Mutter gestorben ist, war ich gerade acht Jahre alt. Ich hätte mich gefreut, wenn ich im Heim aufgewachsen wäre, aber der Scheiß-Erzeuger konnte die vom Jugendamt überzeugen, dass er so ein „toller Vater" ist. Er war für mich die Hölle.*
F: *Dann sagen Sie uns, wie die Zeit bis zum Erwachsensein verlaufen ist?*
A: *Mit zehn, also Beginn der Hauptschule, war ich kaum daheim. Ich habe oft bei Freunden oder Nachbarn oder auch im Park vor dem Wohnhaus geschlafen. Wenn ich zu Hause geschlafen habe, nur dann, wenn der Erzeuger wieder auf Wirtshaustour war. Es war*

eigentlich ein Wunder, dass ich die Schule erfolgreich abgeschlos-
sen habe und eine Lehre als Schlosser begonnen habe.
F: *Haben Sie die Lehre auch erfolgreich abgeschlossen?*
A: *Nein, der Lehrherr war genauso ein Arschloch wie mein Erzeu-*
ger. Der hat mich auch geschlagen und mir oft nur die Hälfte des
Lohnes ausbezahlt. Was willst du als 15-Jähriger machen? Wenn
du was sagst, bekommst du vom Lehrherrn Schläge, wenn du da-
heim was sagst, dann bekommst du auch Schläge. Geld habe ich
mir dann auch anders besorgen können.
F: *Wie denn?*

Der Beschuldigte setzte seine lockere Sitzhaltung fort, legte
seinen Kopf seitlich und verschränkte seine Beine. Seine rechte Hand führte er zu seinem Kinn, fast so wie ein Denker oder
Intellektueller, der für ein Foto posiert.

A: *Ja, was soll ich dazu sagen? Mal dies, mal das. Nichts Besonderes.*
Halt bisschen was gestohlen und dann im Wirtshaus vom Erzeu-
ger verkauft. Da hat keiner gefragt, woher meine Freunde und ich
das haben. Später sind wir auch in Lokale eingestiegen und ha-
ben die Tageslosung mitgenommen. Das war ganz einfach, wenn
du weißt, wo die Wirtsleute das Geld hinlegen. Aber das steht eh
alles in Ihrem System drinnen.

Ich erkannte da bereits relativ schnell, dass mehr Informationen
als ohnehin bereits bekannt waren, nicht wirklich von T. zu hören waren. Mein Kollege versuchte mit einer ganz anderen Frage den Beschuldigten aus dem Konzept zu bringen.

F: *Was sagen Sie überhaupt zu der heutigen Hausdurchsuchung we-*
gen des Verdachtes des Besitzes und Verbreitung pornografischer
Darstellungen Minderjähriger?
A: *Also ich weiß gar nicht, was ich dazu sagen soll? Wenn es so ist, ist*
es so. Aber ich will schon auch sagen, dass ich nicht immer allei-
ne mein Handy benutzt habe. Wenn ich arbeiten war, dann habe
ich das Handy oft zu Hause gelassen.

F: *Das ist interessant. Wir haben gar nicht gesagt, dass es um Ihr Handy geht. Aber was wollen Sie uns damit sagen?*

Kurzzeitig hatte ich das Gefühl, dass er überrascht war, wie aufmerksam wir ihm zuhörten, da er seine „Denkerpose" aufgab und wieder kerzengerade auf dem Sessel saß. Seine Augen wanderten zwischen meinem Kollegen und mir immer hin und her.

A: *Man findet doch sicher heraus, wann auf dem Handy die Sachen geschaut worden sind. Ich sage ja nur, man weiß nie, wer das Handy in meiner Abwesenheit benutzt hat. So wichtig ist mir mein Telefon auch nicht. Ich brauche das ja nur zum Telefonieren.*

Ich zog einen Zettel aus den Akten hervor, auf dem eine GMX-E-Mail-Adresse stand. Diese drehte ich zum Beschuldigten, damit er sie auch erkennen kann. Bernhard T. beugte sich nach vorne und blickte mit seinen Augen danach zu mir.

A: *Das ist meine. Warum?*
F: *Wer hat das Passwort zu der Mailadresse?*
A: *Nur ich.*
F: *Wie steigen Sie in Ihre Mailadresse ein?*

T. lehnte sich wieder in den Stuhl zurück und verschränkte abermals seine Beine.

A: *Oft mit dem Handy, aber normal über das Google-Chrome-Portal. Mit der Technik habe ich es nicht so.*
F: *Also verstehe ich das richtig? Nur Sie kennen das Passwort zu Ihrer Mailadresse und sie benutzen das Handy somit nicht nur zum Telefonieren?*
A: *Ja sicher, warum soll ich denn lügen?*
Ich schaute zu meinem Kollegen, der die Worte des Beschuldigten in den Computer klopfte. Er schaute über den Rand seiner Lesebrille zuerst zu mir und dann zum Beschuldigten.

F: *Aha, also das ist interessant. Diese Mailadresse wurde bei der An-*
meldung von KIK eingegeben. Kennen Sie KIK?
A: *Ja natürlich. Da schreibe ich immer mit jungen Mädchen.*

Ich musste kurz innehalten und war gleichzeitig überrascht. Legte
T. jetzt ein Geständnis ab und gab zu, mehr als nur Online-Missbrauchsabbildungen besessen bzw. weiterverbreitet zu haben?

F: *Was genau meinen Sie damit?*
A: *Ich weiß ja nicht, was Sie jetzt denken, aber ich stehe auf Frauen.*
Junge Frauen halt. Ich kenne mich mit so modernen Sachen wie
Tinder, Badoo oder so nicht aus. Ein Kumpel hat mir KIK empfohlen,
da lernt man schnell und unkompliziert junge Mädchen kennen.
F: *Und wie alt waren die Mädchen?*
A: *Die meisten haben selber angegeben 18 oder 19 Jahre. Man weiß*
ja, dass es viele Fake-Accounts gibt und irgendein Perverser da
dahinter sitzt. Mädchen, die jünger als 18 waren, habe ich sofort
ignoriert. Mit denen wollte ich nicht schreiben. Aber das war nur
alles zum Spaß. Mehr als hin- und herschreiben war ja da nicht.
Ich habe die Damen lieber in echt kennengelernt.
F: *Wann hatten Sie die letzte Beziehung?*
A: *Die ist leider schon lange her. Jedenfalls bevor ich das letzte Mal in der*
Justizanstalt gesessen bin. Wer will denn mit einem Häftling zusam-
men sein? Danach hatte ich auch selber keine Lust mehr. Ich wollte
einfach meine Ruhe haben. Pornhub und xHamster haben mir dabei ge-
holfen. Nur auf so beengtem Raum in der kleinen Wohnung kann man
nicht einmal mit sich selber Spaß haben. Was ist das für ein Leben?
F: *Und was sagen Sie zu den Fotos, die Sie auf Ihre Cloud hochgela-*
den haben?
A: *Wie schon gesagt, ich kann mich nicht daran erinnern. Mein Han-*
dy lag oft zu Hause, ohne meine Aufsicht, da kann ich für nichts
garantieren.

Ich wurde langsam ungeduldig aufgrund der ausweichenden
Antworten und konfrontierte ihn mit der bereits zurückliegen-
den Anzeige wegen Online-Kindesmissbrauch.

Die Antwort von T. war auch hier erwartbar: *„Pah, ich bin hier gelinkt worden. Das angeblich von mir benutzte Handy habe ich lange davor verloren. Aber wer glaubt denn einem wie mir? Niemand! Also werde ich die Frage auch nicht mehr beantworten!"*

F: *Und was hat es da mit den Unterhosen auf sich? Sie haben ja einen vollen Koffer davon. Und bekanntermaßen passen Ihnen Unterhosen in Größe XS oder Kinderunterwäsche eher weniger.*

T. saß plötzlich wieder aufrecht auf seinem Stuhl. Seine Augen fokussierten mich. Ehrlich gesagt hatte ich keine Ahnung, was er mit dieser Taktik bei mir bezwecken wollte. Einschüchternd wirkte das auf mich eher nicht so.

A: *Ja, ich habe halt einen Fetisch. Aber ich wichse nicht darauf. Ich sammle sie nur. Ist irgendwie eine Sucht. Mich befriedigt es innerlich, wenn ich wieder welche gekauft habe.*
F: *Und warum Kindersachen?*
A: *Das hat keinen bestimmten Grund. Sind halt auch nur Unterhosen.*

Mein Kollege unterbrach den Beschuldigten bei seiner Unterhosenerklärung und stellte konkret eine Frage.

F: *Würden Sie sich als pädophil bezeichnen? Wissen Sie, was das ist?*
A: *Bevor ich das letzte Mal in die Justizanstalt gekommen bin, hätte ich das vehement abgestritten. Aber nach zwei Gesprächen mit dem Psychiater würde ich JA sagen.*

Da war er wieder, der Überraschungsmoment, der so unerwartet kam, nachdem sich der Großteil der Vernehmung im Kreis gedreht hatte. Ich versuchte, die Antwort des T. zu fassen und richtete mir, irgendwie sinnbefreit, meine Unterlagen her.

F: *Also bestätigen Sie das mit dem Besitz der Online-Missbrauchs-abbildungen?*

A: *Das habe ich nicht gesagt. Ich weiß nicht, wie die Fotos und Videos auf die Cloud gekommen sind. Aber es stimmt schon, dass ich auf kleine Mädchen stehe. Nicht dass sie glauben, ich hätte schon einmal eine angegriffen. So etwas würde ich nie tun. Da bin ich Gott sei Dank zu feig. Aber ich habe ein Problem. Das können Sie mit der ganzen Fragerei auch nicht lösen.*

F: *Dann erzählen Sie, was Sie tun, wenn sie den sexuellen Druck abbauen?*

A: *Leider muss ich auf legale Pornos zurückgreifen. Ich hätte schon gerne eine Beziehung, nur es ergibt sich eben nicht.*

F: *Warum nicht?*

A: *Das habe ich schon gesagt. Die letzte Frau ist davongelaufen. Nach dem zweiten Mal im Gefängnis hatte sie keinen Bock mehr auf mich.*

F: *Was ist Ihre bevorzugte Altersgruppe bei Frauen?*

A: *Ich denke irgendetwas zwischen 18 und 25 Jahren. In meinem Alter, also so über 40, die sind mir zu alt. Die haben zu viele Falten und stinken auch mehr als eine junge, gepflegte Frau. Wissen Sie, wie ekelhaft das manchmal ist, wenn sich die Damen dann nicht mehr rasieren und mir dann sagen, sie müssten das nicht mehr? Wieso kann eine junge Frau sich besser pflegen als eine ältere Frau? Ich verstehe es nicht.*

F: *Sie sind 45. Was denken die Frauen da über Ihre Einstellung?*

A: *Was fragen Sie da so. Ich stehe auf junge Frauen und davon steige ich nicht herunter.*

Das Verhalten vom Beschuldigten schlug schlagartig um. Seine Miene verzog sich und seine Augen fokussierten mich wieder.

F: *Wie soll die Frau aussehen?*

A: *Zierlich, klein. Bisschen burschikos kann sie schon sein. Nicht zu üppig. Ich mag eher dünnere Frauen, mit wenig Busen.*

F: *Und Ihre bevorzugte Altersgruppe bei den kleinen Mädchen?*

A: *Vielleicht 9 oder 10. Vor der Pubertät halt. Vielleicht auch mitten drin, aber das geht Sie sowieso nichts an. An was ich nur denke, ist nicht verboten.*

Die Vernehmung wurde zunehmend ungemütlich, sowohl für uns, als auch für den Beschuldigten. Dieser versuchte nicht einmal, seinen Ärger zu verbergen. Nachdem Bernhard T. schon einmal wegen Verstoßes gegen eines ähnlichen Deliktes vor Gericht stand, wusste er ganz genau, dass die Auswertung sämtlicher IT-Daten die Wahrheit ans Licht bringen würde und eine nachträgliche Befragung dazu die Möglichkeit eines reumütigen Geständnisses zunichtemachte.

Anmerkung des Autors: Grundsätzlich gibt es in jedem Strafverfahren die Möglichkeit, ein reumütiges, nicht erzwungenes Geständnis seitens des Beschuldigten abzulegen. Dies kann vom Gericht als strafmildernd gewertet werden. Besonders bei nicht vorbestraften Personen können schwere, nachfolgende rechtliche Folgen, unter Umständen auch eine Gefängnisstrafe, vermieden werden. Die Letztentscheidung diesbezüglich fällt das Gericht.

Besonders im Fall von T. spekulierte dieser vermutlich selber, welche Taktik er anwenden solle. Die Festnahmeanordnung bezog sich vor allem auf die noch offenen Strafverfahren, weswegen er mehrere Jahre untergetaucht war. Ein als schwer eingestuftes Suchtmitteldelikt und ein wiederholter Verstoß gegen den Besitz pornografischer Darstellungen Minderjähriger kann eine längere Haftstrafe mit sich bringen.

T. bat uns um Bedenkzeit und um die Möglichkeit, vor einer Aussage mit einem Rechtsanwalt sprechen zu können. In Absprache mit dem zuständigen Staatsanwalt wurde dies auch entsprechend gestattet und T. in die Justizanstalt zur Untersuchungshaft überführt.

Objektiv betrachtet konnte ich das Verhalten des Beschuldigten während der Vernehmung absolut nachvollziehen. Er wusste, dass er sich nur schwer herausreden kann. Die Tatsache, dass er zugab, eine pädophile Neigung zu besitzen, aber gleichzeitig abstritt, bewusst Online-Missbrauchsabbildungen von Minderjährigen bzw. Unmündigen auf seinem Handy gespeichert zu haben, machte ihn unglaubwürdig und trieb ihn in die Enge. In so einer Situation ist es für viele Männer schwer, sich zu öffnen und ihre Taten gegenüber der Polizei zu gestehen.

Das Geständnis

Für eine Kriminalbeamtin ist die Tatsache, dass ein Fall gelöst wurde, bereits ein Erfolg. Abgerundet wird dieser Erfolg mit einem ehrlichen Geständnis des Beschuldigten, speziell dann, wenn dieser trotz Beweislast zu Beginn der Vernehmung nicht alles preisgeben möchte.

Bevor die zweite Vernehmung von Bernhard T. über die Bühne ging, wurde sein Mobiltelefon und das seines Mitbewohners ausgewertet und von mir entsprechend analysiert. Ich war nicht überrascht, was ich fand. Die Feststellungen deckten sich zu einem Teil mit den Aussagen des Beschuldigten, aber nicht komplett. Die Auswertung brachte interessanterweise Erkenntnisse, die für T. sicher nicht angenehm werden würden, hoffte dieser doch, dass sie nicht gefunden würden.

Auf dem Handy des Mitbewohners bzw. seines nicht ganz legalen Unterkunftgebers fanden sich sogenannte „Posing-Aufnahmen" von unmündigen Mädchen.

Anmerkung des Autors: Wie im ersten Kapitel bei den Begriffserklärungen bereits erwähnt, handelt es sich bei diesen Bildern um Nacktaufnahmen von Personen. Diese stehen, ohne geschlechtliche Handlung (z. B. Nahaufnahme von Geschlechtsteilen oder sexuellen Handlungen), ohne Bekleidung vor der Kamera und lassen sich abbilden. Man kennt diese von diversen Kalendern in Werkstätten oder einschlägigen Magazinen. In Österreich sind derartige Bilder strafrechtlich nicht erfasst und daher erlaubt. In Deutschland sind auch „Posing-Bilder" von Minderjährigen verboten. Eine moralische Vorwerfbarkeit kann man aber generell damit anstoßen. Eine gesetzliche Aufarbeitung dieser Art von Bildern und Videos ist, sowohl in Österreich als auch in anderen Ländern Europas, generell schwierig. So wird befürchtet, dass bei strenger gesetzlicher Auslegung auch Eltern bestraft werden können, die deren Kinder nackt beim Spielen oder anderen Aktivitäten, ohne kriminelle Hintergedanken, fotografieren und in die Familiengruppen online stellen.

Zumindest im Fall des Unterkunftgebers von T. konnten wir feststellen, dass dieser die Fotos unbewusst auf seinem Handy abspeicherte. Die Aufnahmen wurden über die Cloud des T. auf dem Handy des Vermieters angesehen, mit den Zugangsdaten des Beschuldigten. Damit konnte eine eventuelle Mittäterschaft von unserer Seite ausgeschlossen werden.

Zum Zeitpunkt der zweiten Einvernahme war es drückend schwül, als mein Kollege und ich den Befragungsraum der Justizanstalt betraten. Ein Justizbeamter führte den Beschuldigten zu uns und platzierte ihn uns gegenüber auf einen Stuhl. Ich konnte deutlich die Schweißperlen auf dem Gesicht von Bernhard T. erkennen und fragte ihn, ob alles in Ordnung sei. Er entgegnete uns: *„Es ist eine Mischung aus Hitze, schlechter Luft und Anspannung. Hier in diesen Räumlichkeiten der JA steckt ein Fluch."* Der Sache mit der schlechten Luft musste ich zustimmen und ich öffnete ein Fenster, dahinter klassische Gitterstäbe, die jede Flucht zunichtemachen würden. Meine Unterlagen positionierte ich genau so, dass ich die fertige Auswertung vor mir liegen hatte, um die Aussagen des T. zu überprüfen. Auch ich spürte eine innere Anspannung, da mir nicht klar war, was nun auf mich zukam.

Nach der üblichen Rechtsbelehrung legte der Beschuldigte, ohne Eingangsfrage meinerseits, gleich los.

„Ich will gleich mit offenen Karten spielen und das Ganze jetzt abschließen. Ja, es stimmt. Ich habe mir die ganzen Fotos und Videos heruntergeladen. Alles mit dem Handy. Auch das Handy meines Mitbewohners habe ich benützt, wenn ich gerade keinen Akku mehr hatte und ich zu faul war, mein Telefon zu laden. Glauben Sie mir, ich schäme mich zutiefst. Ich weiß nicht mehr, was ich machen kann. Eine Therapie will ich nicht machen, weil ich Angst habe, was da herauskommt. Dass ich pädophil bin, weiß ich selber. Dazu brauche ich keinen Seelenversteher. Irgendwie habe ich mich damit schon abgefunden. Ich greife ja kein Kind an und auch deswegen habe ich keine Partnerin. Bei der letzten Frau war das Problem, dass sie mich einfach nicht sexuell erregen konnte. Sie hat das auch gemerkt und dachte, dass ich vielleicht schwul bin. Das bin ich aber ganz und gar nicht. Ich stehe auf kleine blonde Mädchen. Man könnte sagen, die ziehen mich sexuell ziemlich an.

*Als die letzte Freundin weg war und die ganzen Anzeigen herein-
gekommen sind, hatte ich schon Panik und dachte wirklich, dass ich
krank bin. Ich bin arbeiten gegangen und habe versucht, mir legale
Pornos anzuschauen. Die Darstellerinnen sollten auch sehr jung aussehen. Ich gebe alles umfassend zu.*

Mein Kollege tippte die Worte so schnell wie möglich in die
Tastatur, während ich ein paar Aktenteile aus dem Ordner he-
rauszog.

F: *Nun gut, schön, dass Sie sich so öffnen, aber welche Suchbegriffe
haben Sie in die Suchmaschinen eingegeben?*

A: *Nichts mit Kinderpornos. Nur so Sachen mit „Vater-Tochter"-Be-
zug. Das war aber auf legalen Seiten. Ich habe nicht explizit im
Internet danach gesucht. Über diverse Seiten, wie z. B. KIK, habe
ich dann Einladungen zu Telegram-Gruppen bekommen und da
sind die halt verschickt worden. Dagegen habe ich mich nicht ge-
wehrt. Ich bin auch nicht aus den Gruppen ausgestiegen.*

F: *KIK ist ja dafür bekannt, dass es ein Sammelplatz für Pädophile ist. Warum sind Sie auf der Plattform angemeldet gewesen?*

A: *Eher aus Neugier. Ich wollte sehen, was dort so möglich ist. Ich
muss aber sagen, dass dort sehr viele gefälschte Konten sind. Daher war ich da nicht so aktiv.*

F: *Und erregt Sie dann das Betrachten der Missbrauchsabbildungen?*

A: *Naja, abstreiten kann ich das nicht, aber ich lehne extreme Sachen dann schon auch ab. Ich sage noch einmal, ich habe nie ein
Kind angegriffen.*

Ich blätterte wieder in meinem Ordner und legte mir ein paar
Seiten bereit, welche ich dann T. vorlegte.

F: *Dann erklären Sie mir das einmal bitte?*

Er wischte sich den Schweiß von der Stirn, der nach wie vor von
seinem Gesicht auf den Tisch tropfte.

A: *Ja, das sind Probeaufnahmen mit der Kamera. Mehr nicht.*

F: *Probeaufnahmen? Wir haben eine Mini-Kamera in Ihrer Tasche sicherstellen können. Die darauf gespeicherten Daten wurden ausgelesen. Darauf sind insgesamt 20 Videos, auf denen Sie minderjährige Mädchen in der Bahn, auf den Spielplätzen und im Hallenbad gefilmt haben.*

Bernhard T. unterbrach mich und schnaubte mir, mit verschränkten Armen vor seiner Brust, entgegen: „*Ist das leicht verboten? Ich habe nur nackte Füße gefilmt. Die geilen mich auf. Und die Videos verwende ich nur für mich. Wenn der Speicher voll ist, werden diese gelöscht.*"

Anhand seiner Aussage erklärte ich ihm, dass derartige Aufnahmen zwar in dieser Form nicht verboten sind, aber durchaus auf seine Persönlichkeit schließen lassen.

F: *Also, was ist dann, wenn Sie diese Aufnahmen betrachten?*
A: *Ich bin dann schon sexuell erregt. Da geht es aber um die Füße und nicht um das Alter der Mädchen.*
F: *Aber Fakt ist ja, dass sie auf dieser Kamera nur nackte Füße von jungen Mädchen gefilmt haben?*
A: *Ja, das stimmt.*

Die Hitze im Vernehmungsraum wurde immer unerträglicher. Das offene Fenster schuf keine spürbare Abkühlung. Nicht nur dem Beschuldigten rannte der Schweiß vom Kopf herunter, auch meinem Kollegen und mir stieg die Hitze im Körper nach oben. Die beengten Platzverhältnisse hatten zusätzlich einige Nachteile. Die damals verpflichtenden FFP2-Masken in den Justizanstalten erschwerten das Atmen und die Kommunikation.

F: *Herr T., warum sind Sie Wiederholungstäter?*

Der Beschuldigte rechnete mit vielen Fragen, aber mit seiner plötzlich veränderten Körperhaltung und seinem Blick verriet er mir, dass ihn diese Frage unvorbereitet traf.

A: *Ich weiß es nicht. Es tut mir ja alles sehr leid, aber diese Sachen ziehen mich eben an.*

F: *Können Sie sich vorstellen, dass jedes einzelne Bild Leid bei diesen Kindern erzeugt?*

A: *Nein, und ich habe auch noch nie darüber nachgedacht. Ich kann mich nicht in die Frauen hineinversetzen. Das ist nicht mein Problem.*

Solche Antworten findet man überaus selten bei den Beschuldigteneinvernahmen. Die meisten Männer äußern Bedauern und schämen sich für die Tat. Ob dies ehrlich gemeint ist oder eine glatte Lüge war, kann ein Ermittler nur schwer feststellen. Die Antwort von T. war zumindest ehrlich.

F: *Diese gleichgültige Antwort hat mich gerade sehr überrascht. Sie haben ja kaum Mitleid mit den Opfern. Warum das?*

A: *Weil ich die Wahrheit sage und das habe ich Ihnen zu Beginn der Vernehmung auch versprochen. Glauben Sie, dass ich mit keinem anderen Pädophilen gesprochen habe? Alleine hier in dieser Justizanstalt habe ich beim letzten Mal drei weitere Männer getroffen. Einer von ihnen hat sogar seine 6-jährige Stieftochter missbraucht und erzählte uns das mit vollem Stolz. Alle haben sie gesagt, dass keine Therapie auf dieser Welt ihnen helfen kann. Was gibt es für Alternativen? Medikamente? Die habe ich probiert. Ich habe nicht einmal geschafft, dass ich aus dem Bett komme. Als ich mit dem Seelendoktor gesprochen habe, meinte der zu mir, dass es keine Alternativen für Leute für mich gäbe. Ich habe einfach Pech gehabt.*

F: *Und was soll Ihr Ausweg sein?*

A: *Ehrlich gesagt gibt es nicht viel. Ich muss damit leben, dass ich eine Vorliebe für Mädchen habe. Wenn ich so ein Suizidmensch wäre, hätte ich es getan. Aber wem bringt das was? Ich will da irgendwie raus und Selbstmord ist da überhaupt keine Möglichkeit. Ich habe auch Freunde, die ich halt als solche bezeichne. Die sind ehrlich und helfen mir. Ich bin im Ballsport und Anglerverein. Das sind Dinge, die mich ablenken. Da denke ich an keine Pornos und*

solche Sachen halt. Ich kann abschalten und bin ganz ich selbst.
Weit weg von den ganzen Problemen.
F: *Warum sind Sie eigentlich untergetaucht? Die letzte offizielle und*
gültige Wohnadresse ist schon lange her.

Der Beschuldigte lehnte sich in seinem Sessel zurück und wischte sich seine Schweißtropfen von der Stirn. Zuerst zuckte er mit den Schultern. Bevor ich die Frage nochmals konkreter stellen konnte, seufzte er laut auf und legte los.

A: *Mich interessiert es einfach nicht, dass dauernd jemand etwas*
von mir will. Ich habe eine Arbeit und eine Unterkunft und woll-
te nur meine Ruhe haben. Es hat keine weiteren Gründe gegeben.

Ich blätterte wieder in meinem Ordner, da ich auf der Suche nach relevanten Aktenteilen war, die ich extra für diese Antwort bereitgestellt hatte.

F: *Herr T., das verstehe ich jetzt aber nicht. Vor knapp zehn Jahren,*
das war ca. drei Monate, nachdem Sie zuletzt aus der Justizan-
stalt entlassen wurden, gab es einen Vorfall hier im Stadtgebiet.
Da wurden Sie kurzzeitig sogar festgenommen. Neben den ande-
ren Straftaten, die Sie begangen haben, wurden auf ihrem dama-
ligen Handy wieder Missbrauchsabbildungen von Kindern gefun-
den. Nicht einmal eine Woche nach genau diesem Vorfall haben
Sie sich von Ihrem Wohnsitz abgemeldet. Seitdem sucht Sie das
Gericht. Warum?
A: *Ja, da können Sie sich einen Reim darauf machen.*
F: *Bei Ihrem Arbeitgeber haben Sie eine falsche Wohnadresse ange-*
geben. Ist das nie jemanden aufgefallen?
A: *Ich wurde dazu nie befragt. Der nimmt das nicht so genau.*
F: *Interessant, denn Ihr Arbeitgeber hat uns mitgeteilt, dass er Sie*
damit mehrmals konfrontiert hat. Sie haben da dem Postbeam-
ten die Schuld gegeben und haben dann im Anschluss die relevan-
ten Briefe von der Arbeit aus abgeholt. Als ein Brief vom Gericht,
adressiert an Sie, im Postkasten der Arbeitsstelle aufgetaucht

ist, haben Sie gemeint, dass Sie nie eine Benachrichtigung erhalten haben. Herr T., wollen Sie mich hier auf dem Arm nehmen?

T. nahm einen ordentlichen Schluck aus seinem Becher. Erst da fiel mir auf, dass er trotz Hitze im Raum und viel Schweiß kaum Flüssigkeit zu sich nahm.

Ich konnte innerlich fühlen, wie unangenehm ihm jetzt diese Situation vorkam. In solchen Situationen trennt sich bei den Einvernahmen die Spreu vom Weizen. Viele unerfahrene Beschuldigte versprechen sich und leugnen weiter die Tatsachen. Andere wiederum sagen die Wahrheit. Bernhard T. aber hatte schon viele derartige Vernehmungen hinter sich und wusste damit umzugehen.

Er trank erneut aus seinem Becher und stellte diesen demonstrativ lautstark auf den Tisch ab.

A: *Als ich erfahren habe, dass wieder Kinderpornos auf meinem Handy gefunden wurden, wusste ich, dass ich eingesperrt werde. Der Richter hat mir das damals bei der letzten Verhandlung „versprochen". Auch wenn man nie ein Kind angegriffen hat, ist man in der Justizanstalt auch beim bloßen Anschauen von Kinderpornos ein Kinderschänder. Ich will Ihnen gar nicht erzählen, wie die anderen Häftlinge und auch die Vollzugsbeamten da mit einem umgehen. Man ist der letzte Dreck und man will unbedingt raus. Damals, vor zehn Jahren, habe ich mir vorgenommen, dass das Gericht mich nicht mehr erwischt. Ich will in Freiheit bleiben, aber ich habe natürlich gewusst, dass das nicht immer so geht. Diese innere Ungewissheit macht einen fertig. Du kannst dir kein richtiges Leben aufbauen, hast keine oder kaum Freunde und musst immer Angst haben, dass dich jemand verpfeift. Irgendwann wird dieser Zustand normal und du lernst, irgendwie damit umzugehen. Ob sie mir glauben oder nicht, jetzt in diesem Moment bin ich erleichtert, dass alles vorbei ist. Mein Leben muss sich ändern, sonst komme ich nie wieder aus dem Gefängnis heraus.*

T. lehnte sich zurück und atmete tief durch. Diese Erleichterung konnte ich auch spüren, womit die Vernehmung auch offiziell beendet war.

Der Abschluss

Nach Abschluss der Vernehmung bereitete ich in meiner Kanzlei den finalen Bericht für die Staatsanwaltschaft vor. In meinen Fällen ist das meist eine Art Rückschau, von Beginn der Ermittlungen über die Hausdurchsuchung bis zur finalen Vernehmung. Um ehrlich zu sein, war ich überrascht von der schlussendlichen Ehrlichkeit des Bernhard T. Insbesondere auf die Tatsache, dass er zugab, pädophil zu sein und die damit einhergehenden Probleme. Bei anderen Ermittlungsbereichen verlaufen die Vernehmungen zum Teil wesentlich unbefriedigender, vor allem, wenn der Beschuldigte „Polizei-erfahren" ist. In Fällen des Online-Kindesmissbrauchs haben viele Täter zumeist enormen Redebedarf, den sie auch nutzen, sobald ihnen die Möglichkeit gegeben wird.

Bernhard T. nutzte dann doch diese Möglichkeit. Bei der Verabschiedung nach der zweiten Einvernahme bedanke er sich, dass er zum ersten Mal über seine Probleme und Taten sprechen konnte. Ich war mir aber unsicher, ob er mehr an eine Strafmilderung dachte oder doch eine Seelenreinigung stattfand.

Männer wie T. sind klassische Wiederholungstäter, die Hilfe kaum oder gar nicht in Anspruch nehmen. Innerhalb des Vollzugs wird psychologische Hilfe zwar angeboten, aber nur pro forma genutzt, um die Zeit totzuschlagen. T. war bereits zweimal im Gefängnis für längere Zeit und wusste daher, was ihn erwartete. Das war auch mit ziemlicher Sicherheit der Hauptgrund, warum er sich dafür entschied, fast zehn Jahre als U-Boot im unterwegs zu sein mit der Befürchtung, dass er irgendwann einmal wieder auffällig wird. Doch die meisten Menschen haben die Angewohnheit, nicht ganz von der Bildfläche zu verschwinden. Besonders Männer mit einschlägiger Vergangenheit aus der Welt des Online-Kindesmissbrauches. Es genügt ein Klick oder das Speichern einer Datei, um Ermittlungen anzuregen. Das Internet vergisst schließlich nie.

Beim Verfassen des Abschlussberichtes ging ich explizit auf die bereits begangenen Verstöße gegen den dasselbe Strafrechtsdelikt ein. Ich schaute mir nochmals die Akten durch und stellte fest, dass T. innerhalb von 14 Jahren drei Mal wegen Online-Kindesmissbrauch auffiel. Obwohl nach der ersten Verurteilung vor Gericht die Auflage kam, dass er sich einer Therapie unterziehen sollte, setzte er seine Handlungen nicht nur bis zuletzt fort, sondern er steigerte sich, indem er Kinder und Jugendliche an öffentlichen Orten filmte. Derartige Steigerungen sind keine Seltenheit und kommen im Bereich der Online-Täter sehr oft vor. Die Präferenz für bestimmte Bilder und Videos bleiben fast ident, nur die Luststeigerung muss anderweitig durchgeführt werden.

Problematisch ist die weitere Vorgehensweise bei solchen Männern. Innerhalb der Justizanstalten kommt es oft zur Kontaktaufnahme mit Gleichgesinnten, die sich über ihre Erlebnisse und Vorlieben austauschen. Das hat T. auch bei seiner Vernehmung so bestätigt.

Nur allzu oft wird darüber gesprochen, wie Handlungen weitgehend unentdeckt vor der Behörde und Mitmenschen bleiben. Das geht sogar so weit, dass sie untertauchen und schwer auffindbar sind.

Die letzten Sätze des Abschlussberichtes widmete ich den Kollegen, die bei der Auswertung der Datenträger geholfen haben. Als ich die illegalen Dateien nochmals durchsah, fiel mir etwas auf. Zumindest die Hälfte der Missbrauchsabbildungen wurde auch bei der letzten Sicherstellung vor zehn Jahren festgestellt, was wiederum zeigt, dass immer wieder auf die gleichen Plattformen zugegriffen wird. Seine Präferenz hat sich festgefahren und wird ohne intensive Therapie mit Sicherheit weiter anhalten.

Genauso wie der gleiche Modus Operand i (= Vorgehensweise) ist auffällig, dass Bernhard T. in diversen Online-Foren und Chats nicht selbst konkret Unmündige oder Minderjährige konkret nach Abbildungen gefragt hat. Er holte sich die Inhalte aus denselben Quellen, wie die Jahre davor.

DER FALL SANDRO S.

Die zwei Gesichter

Ein besonders pikanter Fall ist Sandro S. Eine befreundete Sozialarbeiterin war in diesem Fall involviert und machte mich mit dem hartgesottenen Ermittler der Kriminalabteilung bekannt. Dass was er mir schilderte schockiert mich bis heute. S. war erst 23 Jahre alt, jedoch polizeilich amtsbekannt. Er schrieb aktiv unmündige und minderjährige Personen, beiderlei Geschlechts, an und verlangte extreme Missbrauchsabbildungen von ihnen. Diese führten sogar zu inneren Verletzungen der Opfer. Es ging um über 4.000 Chats und 25.000 Dateien, die bis jetzt bekannt waren. Der Ermittler erzählte den Fall wie folgt:

Als ich Sandro S. das erste Mal persönlich gesehen habe, konnte ich fast meinen Augen nicht trauen. Obwohl er 23 Jahre alt war, sah er aus wie ein 15- oder 16-jähriger Teenager. Auch sein Verhalten war eher dem eines Jugendlichen ähnlicher als dem eines jungen Erwachsenen. Das konnte man besonders stark anhand seiner unsicheren und schüchternen Art erkennen.

Er stand mit seiner billigwirkenden Lederjacke, darunter ein weißes T-Shirt, und einer durchlöcherten Jeans auf einem Parkplatz vor einem großen Einkaufszentrum und wartete auf unser Eintreffen. Nachdem wir aus dem Auto ausgestiegen waren und in seine Richtung gingen, konnte ich das stechend riechende Parfum wahrnehmen Ein beißender Geruch, der mich während der gesamten Amtshandlung begleitete, besonders in Kombination mit Schweiß.

Seine fettigen Haare hingen ihm in sein Akne-verziertes Gesicht. In seiner rechten, ungepflegten Hand hielt er eine Zigarette, die er rasch ausdämpfte, als wir auf ihm zutraten. Alles in allem wirkte Sandro S. ein wenig verwahrlost, obwohl er mit zahlreichen unmündigen bzw. minderjährigen Frauen sexuellen Kontakt gehabt hatte.

Mein Kollege ging mit ein paar Zetteln zu ihm und schenkte ihm sogleich reinen Wein ein: *„Sandro, ich habe dich bei der letzten Hausdurchsuchung gewarnt. Wenn du wieder etwas anstellst, dann sperre ich dich ein. Du hast mir hoch und heilig versprochen, dass du sofort eine Therapie machst. Deiner Mutter, die auch geweint hat, hast du es auch versprochen und jetzt ist es noch schlimmer als beim letzten Mal."*

Diese Worte ließen den eingeschüchterten jungen Mann am ganzen Körper zittern. Er bat darum, noch jemanden anrufen zu dürfen, bevor die zweite Hausdurchsuchung bei ihm durchgeführt wird.

Er wählte die Telefonnummer seiner Mutter und sagte mit weinerlicher Stimme: *„Mama, jetzt ist es soweit! Ich wurde festgenommen."* Nach einigen Sätzen, die hin- und herflogen zwischen ihm und seiner Mutter, übernahm der amtshandelnde Kollege das Gespräch mit Sandros Mutter. Es wurde vereinbart, dass das Gespräch in der Wohnung des Beschuldigten fortgesetzt werde.

Die Autofahrt zur Wohnadresse des Mannes dauerte knapp 20 Minuten. Mein Kollege bat mich, dass ich mit ihm sprechen und eventuell ein Vertrauen zu ihm aufbauen solle. Ich kannte den Akt sowie die bestehende Vorgeschichte in- und auswendig und daher ließ ich mich nicht von seiner kindlichen Art täuschen.

Sandro S. war nur im persönlichen Kontakt überaus schüchtern und unbeholfen. In der Welt des Internets und der sozialen Netzwerke zeigte er sein wahres Gesicht. Das eines unbarmherzigen, fordernden und zum Teil sadistischen Mannes, der gezielt Buben und Mädchen zwischen 8 und 14 Jahren anschrieb. Die Opfer befanden sich meistens in sozial schwierigen Verhältnissen, was S. ausnutzte und sie dann aufforderte, Fotos und Videos mit abscheulichem Inhalt anzufertigen. Für mich saß während dieser Autofahrt ein schwer kranker Sexualstraftäter neben mir. Jemand, der zwei Gesichter hat und brandgefährlich für die Öffentlichkeit ist. Ein derartiges Verhalten hatte ich in meiner Polizeikarriere bis zu diesem Zeitpunkt noch nie gesehen. Diese zwei Gesichter zeigte Sandro S. uns immer wieder im Zeitraum der gesamten Amtshandlung.

Immer wieder stellte er meinem Kollegen und mir dieselbe Frage: *„Werde ich jetzt wirklich eingesperrt?"* Jedes Mal bekam er dann immer die gleiche Antwort: *„Ja, wir lügen dich nicht an."* Nicht nur einmal vergoss er Tränen und sorgte sich um seine Freiheit. *„Scheiße, gerade jetzt habe ich mein Leben im Griff. Eine Freundin und auch einen neuen Job habe ich. Das kann ich jetzt alles vergessen"*, sagte S. in weiterer Folge. Mein Kollege und ich schwiegen uns gegenseitig an und äußerten uns nicht dazu. Es machte keinen Sinn, ihm gut zuzureden, weil er ohnehin die Situation nicht ganz fassen konnte.

Nach einer gefühlten Ewigkeit kamen wir bei seiner Wohnadresse an.

Die Wohnung selbst befand sich in einem sehr großen ehemaligen Bauernhof, den eher in eine wohlbetuchte Gegend in den Alpen oder in Berchtesgaden zu finden erwartet. Das gesamte Gebäude war in Besitz von Sandros Vater. Es war ein beeindruckendes Anwesen mitten auf dem Land. Weit und breit befanden sich keine anderen Gebäude. Die Einfahrt war sehr gepflegt und der Vorgarten mit Blumen und Sträuchern umrandet. Sandros Vater hatte das heruntergekommene Anwesen gekauft und es von Grund auf renoviert. Eine Hälfte des Hauses wurde vermietet, die andere Hälfte von Sandros Eltern und ihm bewohnt. Bevor wir in den Wohnbereich von S. gelangten, durchschritten wir ein neues, mächtiges Holztor, welches in den Innenhof des Hauses führte. Die Bauweise war, laut Sandros Mutter, einzigartig und an italienische Anwesen angelehnt. Der Innenhof selbst war schattig und es standen sechs größere Bäume darin, die bis zum ersten Stock des Hauses reichten. Eine eher unscheinbare Haustür führte uns in den Vorraum, der ebenfalls imposant war. Sandros Mutter stand bereits im ersten Stock und sah auf uns herunter. Sie wartete ungeduldig auf unser Eintreffen. Anhand ihrer glasigen und leicht geschwollenen Augen bemerkte ich, dass sie geweint hatte. *„Um Gottes Willen, Sandro! Was hast du nur angestellt?"* Eine weitere Kollegin von mir kümmerte sich um die wieder mit Tränen kämpfende Mutter, während Sandro, meine Kollegen und ich in sein Zimmer gingen. Wir begannen mit der Hausdurchsuchung und Sicherstellung.

Im Gegensatz zum sauberen Haus herrschte in Sandros Zimmer pures Chaos. Einzig der Wäscheständer und die Bügelwäsche waren ordentlich vorbereitet sowie sortiert. *„Das macht die Mama immer wieder für mich"*, sagte er in unsere Richtung, als ich die Wäsche beiseiteschob. Nun war uns klar, dass es Sandro mit der Ordnung nicht so genau nahm. Wir teilten uns auf und gingen auf die Suche nach Datenträgern, wie Laptops, Smartphones, Festplatten, USB-Sticks usw. Darüber hinaus waren wir auf der Suche nach einem ganz speziellen Gegenstand, welchen er zu mehreren Sextreffen mitgenommen und eingesetzt hatte. Alle Läden und Kästen wurden von uns durchsucht. Sowohl unter als auch auf dem Bett wurde geschaut, um nichts zu übersehen. Sämtliche Versteckmöglichkeiten wurden genau überprüft, als einer Kollegin ein Rucksack in einer kleinen Truhe auffiel. Sie schob die darüber liegenden T-Shirts beiseite, als S. plötzlich im schnellen Schritt in Richtung dieser Truhe ging. Bevor er bei der Kollegin ankam, schnappte ich seine linke Hand und fragte ihn ernst: *„Warum so schnell?"* Er sah mich ganz entgeistert an und antwortete: *„Ich wollte nur mithelfen."* Danach ging er wieder rasch retour. Besonders in solchen Situationen ist es offensichtlich, dass ein Ermittler auf etwas Brauchbares gestoßen ist. Derartiges Verhalten ist bei fast allen Beschuldigten kurz vor Auffindung der „Leichen" zu beobachten.

Meine Kollegin zog den Rucksack aus der Kiste und merkte an, dass dieser sehr schwer sei. Sie legte ihn aufs Bett und zog sich Handschuhe über. Als meine Kollegin den Reißverschluss öffnete, begann Sandro mit sich selbst zu sprechen und schlug seine Hände über den Kopf. Dabei sagte er in den Raum: *„Jetzt wird es für mich peinlich."* Einen Gegenstand nach dem anderen zog meine Kollegin vorsichtig aus dem Rucksack heraus. Zuerst eine Tube Gleitgel, dann eine Penispumpe, mehrere Kondome, einen Penisring, mehrere Packungen mit Tabletten, ein Analplug (= Gegenstand zur Stimulation des Anus) und auch das gesuchte Objekt. Es war der pinkfarbene Vibrator, der sich mit einer Fernbedienung fernsteuern ließ. In Richtung des Beschuldigten merkte ich an, dass mir dieser Gegenstand sehr bekannt vorkomme, woraufhin S. den Blick zu Boden senkte und seine Haare in sein Gesicht fielen.

„Halt, was ist das denn?", rief mir der Kollege zu, der aus dem Rucksack einen kleinen Silikontorso herausholte. Bis auf den Beschuldigten blickten wir alle unglaubwürdig zu diesem Objekt, das der Kollege in der Hand hielt. Er warf es auf das Bett des S. Dieses Objekt war eine Art Gummipuppe, die sich nur auf die wesentlichen Bereiche konzentriert. Ein vaginaler und ein analer Zugang. Darüber befindet sich der Bauch und darunter die Oberschenkel. Mehr hat dieser Selbstbefriedigungsgegenstand nicht zu bieten. Interessanterweise kommt mir dieses „Sexspielzeug" aus einem anderen Fall sehr bekannt vor. Besonders in Pädophilenkreisen ist es sehr beliebt, da die Größe der eines Kindes gleicht und bei vielen potenziellen Nutzern die Fantasien befriedigt. Anhand des Zustandes des Gegenstandes konnte ich erkennen, dass es sehr intensiv in Verwendung war. *„Zum Glück habe ich zwei Lagen Handschuhe an. Das ist ja total glitschig und ekelhaft"*, meinte der Kollege, der das Objekt aus dem Rucksack gezogen hatte.

„Sandro, wann hattest du das Teil das letzte Mal in Verwendung?", fragte ich ihn. Weiter zu Boden blickend murmelte er leise: *„Heute früh, glaube ich. Ich hatte noch keine Zeit, es sauber zu machen. Tut mir leid."*

Mir war leicht schlecht, da es nicht sehr appetitlich war.

Obwohl der kindliche Torso (Anm.: leicht online auf legalen Marktplätzen zu kaufen) im Mittelpunkt der Diskussion stand, zielte mein Hauptaugenmerk auf den pinkfarbenen Vibrator. Ich fotografierte ihn und schickte das Foto meiner Kollegin, die noch immer mit der Mutter in einem anderen Raum sprach. Kurz darauf bekam ich die Bestätigung, dass wir das „Tatwerkzeug" gefunden hatten. Dieses Sexspielzeug war nicht nur Teil vieler Chats, sondern auch in mehreren Videos, die der Beschuldigte auf seine Cloud hochgeladen hatte. Doch es war nicht nur ein Gegenstand zur Luststeigerung, sondern auch ein Folterwerkzeug, zumindest für ein 13-jähriges Mädchen aus prominentem Hause.

Das erste bekannte Opfer

Sandro: Hallo, ich bin Sandro, ich habe deine Nummer aus der Gruppe. Wer bist du?

Sophie: Ich kenne dich nicht. Aus welcher Gruppe? Ich heiße Sophie.

Sa: Egal, vielleicht habe ich mich verschaut. Ich bin in vielen Gruppen Mitglied. Wie alt bist du?

So: 13, du?

Sa: Awww ... süß. Ich bin 15. Wie findest du mein Profilfoto?

So: Eh sweet, aber man sieht halt nicht viel.

Sa: Willst du etwas machen?

So: Ah, was denn?

Sa: Bist du alleine?

So: Nee, aber alleine im Zimmer.

Sa: Willst du was Geiles machen? Tut auch nicht weh.

So: Ok ... warum nicht?

Sa: Leg dich aufs Bett!

So: Ja, hab!

Die weiteren Chatinhalte beinhalten sehr drastische Forderungen des Beschuldigten an die 13-jährige Sophie. Unter anderem forderte Sandro S. das Mädchen auf, sich diverse Alltagsgegenstände, wie z. B. Stifte und Uhu-Sticks vaginal einzuführen. Obwohl sie ihm schrieb, dass sie Schmerzen hatte und blutete, wollte er später ein Video der gesamten Handlungen. Uns war ein zehn Sekunden langer Ausschnitt daraus bekannt. Es war die Videosequenz, die der Kriminalpolizei vom Opfer im Zuge der Anzeigeerstattung zur Verfügung gestellt wurde.

Sandro S. war knapp ein Jahr vor der geschilderten Festnahme bereits Ziel einer Hausdurchsuchung. Die damalige Auswertung war noch gar nicht beendet, als die 13-jährige Sophie in einem anderen Bundesland, gemeinsam mit ihren Eltern, auf der örtlichen Polizeiinspektion eine Aussage machte. Es ist das eingetreten, was oft in Lehrbüchern in Bezug auf Sexualstraftäter beschrieben wird → eine Steigerung der Fantasien und

Handlungen. Der Online-Missbrauch wird zum realen Missbrauch. Bei dem 21-jährigen Beschuldigten passierte dieser Vorgang ungewöhnlich schnell.

Sophies Aussage war für meine Kollegin, die Aktführerin bei S. war, ein großer Schock. Sie war sich sicher, dass der Beschuldigte nicht nur von ihr derartige Handlungen verlangt hatte. Insgesamt fünf Videos und knapp 30 Fotos übermittelte die 13-Jährige an Sandro. Doch damit gab sich der Beschuldigte nicht zufrieden. Seine Lust steigerte sich von Chatzeile zu Chatzeile. An manchen Tagen bemühte er sich gar nicht, nach ihren Befindlichkeiten zu fragen. Er wollte gleich zur Sache kommen und missbrauchte sie online weiterhin.

Als ich mir die Chats zwischen Sophie und Sandro durchlas und im Anschluss die Vernehmung des Opfers, fragte ich mich, warum dieser Prozess so kurz war und warum Sophie so schnell seine Anweisungen befolgte. Zu diesem Zeitpunkt kannte ich Sandro noch nicht und umso erstaunter war ich, als ich ihn bei der Festnahme sah.

Die Chats waren der Einstieg in einer sich steigernden Brutalität, die mit dem Einsatz des pinken Vibrators seinen Höhepunkt fand.

Ich wollte es bis zuletzt nicht wahrhaben, wie es möglich war, dass ein 21-jähriger, eher verwahrlost aussehender Mann mit mehr als 100 Minderjährigen schreiben konnte und sogar mit zwölf von ihnen Treffen vereinbarte und diese auch stattfanden.

Die erste Person, bei der ihm das glückte, war eben die 13-jährige Sophie. Ihre Eltern sind im deutschsprachigen Raum nicht unbekannt. Die Familie besitzt im Alpenraum ein Ferienhaus an einem See und das Mädchen entwickelte eine pubertäre Neugier, die sie in den sozialen Medien ausleben konnte.

Bei der Opfereinvernahme von Sophie gab diese, nach langen Vorgesprächen und mit anfänglicher Scham behaftet, sehr detailliert an, wie der Kontakt zustande kam.

Die 13-Jährige war Mitglied in unzähligen Chatgruppen, insbesondere auf Snapchat, WhatsApp und Instagram. Sandro baute den Kontakt zunächst über Snapchat auf. Er kontaktierte das Mädchen direkt und begann eine zunächst harmlose Kommunikation. Nach nur wenigen Sätzen forderte der 21-jährige Beschuldigte, der sich im Chat als 15-Jähriger ausgab, die Unmündige zu sexuellen Handlungen auf. Sophie gab gegenüber den Beamten an, dass sie dies alles zu Beginn nur zum Schein getan hatte, da sie neugierig gewesen war. Sie hatte keinerlei sexuelle Vorerfahrung und in weiterer Folge hatte sie den Chat einmal beendet. Einen Tag später schrieb Sandro sie erneut an. Ihr Interesse an den Dingen, die er schrieb, wurde immer mehr, womit sie dann tatsächlich die Handlungen ausführte, die der Beschuldigte von ihr verlangte. Im Gegenzug verlangte sie Fotos von ihrem Gegenüber, der davor ausgab, dass er 15 Jahre alt sei. Sandro schickte ihr bearbeitete Profilfotos von seinem Gesicht und auch diverse Penisfotos aus dem Internet. In der Einvernahme gab Sophie an, dass sie sich wohlfühlte und irgendwie auch zu ihm hingezogen. Nachdem das Mädchen eine größere Anzahl an Fotos und Kurzvideos an den Beschuldigten übermittelt hatte, beendete Sandro kurzerhand die Kommunikation. Zuerst dachte sie an einen klassischen Betrug mit anschließender Erpressung. Kurz bevor sie sich ihrer Mutter anvertrauen wollte, schrieb Sandro ihr wieder und bat um ein persönliches Treffen.

Laut ihren Angaben baute sie durch die Chats ein gewisses Vertrauen zu Sandro auf und stimmte nach einer Bedenkzeit dem Treffen zu. Als Sophie mit ihren Eltern einen längeren Aufenthalt im Alpenraum hatte, schickte sie ihm die Adresse vom Ferienhaus. Nachdem ihre Eltern rund um die Uhr zu Hause waren, vereinbarte sie den Treffpunkt an einem öffentlichen Badestrand. Sie präsentierte den Eltern eine schlüssige Ausrede und fuhr im Anschluss mit dem Fahrrad zum Badestrand und wartete. Mit knapp 30 Minuten Verspätung traf auch Sandro ein. Sie bemerkte sofort, dass seine Altersangaben nicht zutrafen, weil er wesentlich älter aussah. Sie sprach sogleich die Altersfrage an, woraufhin Sandro, wie aus der Pistole geschossen, antwortete, dass er eigentlich 18 Jahre alt sei. Dies war, trotz der fünf Jahre Altersunterschied, für das Mädchen in Ordnung, da er bis zuletzt in den Chats so zuvorkommend gewesen war.

Während des ganzen Treffens war Sandro zurückhaltend und schüchtern. Sophie wünschte sich insgeheim ein wenig mehr Engagement und vielleicht doch einen Kuss. Im Zuge der Vernehmung gab sie an, dass sie hoffte, Dinge zu tun, die ihre Freundinnen auch schon gemacht hatten. Als sie am Badesee mehrere Stunden miteinander sprachen, fragte sie ihn, ob er verliebt in sie sei. Er bejahte die Frage und küsste sie, was jedoch Ekel in ihr hervorbrachte. Sandro hatte einen furchtbaren Mundgeruch, den sie nicht von ihm erwartete. Sie bat um Beendigung des Treffens. Beim Ausgang des Bades verabschiedete sie sich und fuhr nach Hause. Sandro wollte sie wiedersehen und bombardierte das junge Mädchen mit fast 100 Nachrichten täglich. Zuerst blockierte sie ihn, willigte aber später wieder ein, dass sie sich treffen. Ohne Zögerung sprach Sandro seine Wünsche an, zum Beispiel den Einsatz eines Vibrators, den er an ihr „testen" wolle. Sophie kontaktierte daraufhin ihre beste Freundin, die ihr davon abriet. Aufgrund Sandros Druck willigte sie ein, dass er den Vibrator an ihr ausprobieren könne. Nachdem der Badesee kein adäquater Platz für dieses Treffen war, vereinbarten sie einen Treffpunkt an einem alten Spielplatz mitten im Wald.

Als sie nach einem kurzen Spaziergang auf dem versteckten Platz im Wald ankamen, bemerkte sie bei Sandro eine Wesensänderung. Die harschen Aufforderungen seinerseits kamen zwar nicht, aber es entstand, laut Sophies Angaben, zwischen den beiden eine gewisse Distanz. Das Mädchen hatte das Gefühl, dass auch er keinerlei sexuelle Erfahrungen habe, da Sandro am ganzen Körper zitterte und kaum ganze Sätze von sich gab. Nach einigen Minuten wollte sie erneut das Treffen von sich aus beenden, da sie wenig Sinn in der ganzen Situation sah. Sie fühlte sich auch ein wenig unwohl. Ohne irgendein Vorzeichen forderte er sie auf, dass sie sich einen von ihm mitgebrachten Vibrator vaginal einführen sollte. Gleichzeitig wollte er die Situation filmen. Sie war perplex, doch sie willigte dieser Aufforderung ein, unter der Voraussetzung, dass sie das Sexspielzeug in der Hand halte. Während sie die Handlung an sich durchführte, filmte Sandro das Mädchen, ohne eine Reaktion. Am Ende dieser grotesken Situation trennten sich die Wege der beiden Protagonisten. Sophie beschlich, nach ihren Angaben, ein komisches Gefühl. Bei der Anzeigeerstattung gab sie an, dass irgendetwas in ihr sagte, dass das Ganze nicht richtig war, und sie sollte Recht behalten. Doch bis diese Situation von der Polizei in Verbindung zu Sandro S. gebracht wurde, kam es zu einer anderen Anzeigeerstattung. Die klassische NCMEC-Meldung.

Das Video von Sophie sowie die vielen Fotos des Mädchens waren der Beginn einer Serie von Übertretungen gegen viele Paragrafen der Sexualdelikte. Sophies Dateien ließen Sandro in anderen Chats von einem Mann zu einer Frau werden, mit dem Ziel auch junge Buben anzuschreiben und diese aufzufordern, ihm Fotos und Videos zu schicken. Die erhaltenen Medien wurden von Sandro auf diverse Online-Speicher hochgeladen und danach von den amerikanischen Behörden entdeckt.

Eine Hausdurchsuchung wurde durchgeführt und Sandro S. dazu niederschriftlich befragt. In seiner ersten Einvernahme gab er an, „nur" die Fotos von außen erhalten zu haben. Er habe niemanden angeleitet, Fotos oder Videos zu machen. Außerdem habe er sich mit niemandem getroffen. Er stritt alle Vorwürfe ab. Er zeigte sich während der ersten Einvernahme reumütig und versprach Besserung. Im Beisein seiner Mutter versprach er, eine Therapie zu beginnen, damit so etwas nicht mehr vorkomme.

Während der Auswertung der Datenträger nach der 1. Hausdurchsuchung bekamen wir die Information über die Anzeigeerstattung eines 13-jährigen Mädchens, mit dem Namen Sophie. Es war der Grundstein einer Festnahme und einer Masse an weiteren Anzeigen sowie der ersten Ergebnisse der Auswertung durch die IT-Abteilung und der Kollegen der Sexualdelikte. Es wurde eine Lawine losgetreten, die immer mehr an Fahrt aufnahm.

Die 2. Vernehmung

Nach der erfolgten Festnahme und abgeschlossenen Hausdurchsuchung wurde Sandro S. zum zweiten Mal in seinen jungen Jahren niederschriftlich zum Sachverhalt einvernommen. Neben meinem Kollegen und mir war noch sein Rechtsanwalt dabei. Ein großgewachsener, sportlich wirkender Mann mit kurzem Haarschnitt und maßgeschneidertem Anzug. Als er sich im Vernehmungsraum zu uns setzte, stellte er seine bereits in die Jahre gekommene Aktentasche neben sich ab und holte Papier und Bleistift hervor. Kurz vor der Vernehmung hatte er die Möglichkeit, sich mit seinem Klienten zu beratschlagen.

Im Zuge der obligatorischen Rechtsbelehrung äußerte sich der Rechtsanwalt und gab zu Protokoll, dass S. sich vollumfassend zur Sache äußern werde. Ehrlich gesagt überraschte mich diese Taktik nicht, da grundsätzlich bei Sexualdelikten die Rechtsanwälte eher zu einer ehrlichen Aussage raten. Meistens befolgt der Mandant diesen Ratschlag und die Vernehmung führt zur Aufklärung des Sachverhaltes und in weiterer Folge auch zur psychischen Aufarbeitung beim Beschuldigten.

S. war sichtlich nervös. Seine Hände zitterten jedes Mal, wenn er sein Wasserglas hob und daraus trank. Außerdem war er schweißgebadet und seine Blicke waren stets auf den Boden gerichtet.

Die Angaben zu seiner Person und somit das bisherige Leben des 21-Jährigen ließen sich wie folgt zusammenfassen:

* Unterdurchschnittlicher Schüler, absolvierte zum damaligen Zeitpunkt über das Arbeitsamt eine Ausbildung zum Logistiker, wobei diese Ausbildung derzeit unterbrochen war, da er von seinem Arbeitgeber aufgrund seiner Unzuverlässigkeit gekündigt wurde.
* Enge Bindung an seine Mutter, keine Geschwister, distanzierte bis feindselige Beziehung zum Vater, sonst kaum Kontakt zu anderen Familienmitgliedern.
* Hat kaum Hobbys, keine Freunde und hat ausschließlich Kontate über das Internet, zeigt kaum Interesse an eigener

Zukunftsplanung oder Aktivitäten, sitzt die meiste Zeit zu Hause vor dem Handy oder Computer.

Es sind Eckpunkte, die den Verlauf einer nicht gerade optimalen Entwicklung eines jungen Mannes zeigen. Besonders bei den Fragen zu seiner Familie war Sandro sehr zurückhaltend, sprach fast schon überschwänglich über seine Mutter und kaum bis gar nichts betreffend seinen Vater.

„*Der ignoriert mich nicht einmal. Beim Abendessen darf ich nicht am Tisch sitzen, wenn er zu Hause ist. Er sagt, er kann meinen erbärmlichen Anblick nicht ertragen*", antwortete S. uns auf eine Frage zu seinem Vater.

Nach Abschluss des Punktes „Zur Person" wurde er gleich „Zur Sache" befragt.

F: *Sandro, was sagst du zu den Vorwürfen, die dir zur Last gelegt werden?*

A: *Ich weiß gar nicht, was ich falsch gemacht habe. Das ist mir ja alles so peinlich.*

F: *Du hast uns bei der ersten Vernehmung gesagt, dass du die Fotos aus einer Chat-Gruppe erhalten hast. Willst du uns dazu mehr sagen?*

A: *Ja, das war vielleicht nicht so, aber ich habe Angst gehabt. Das war nicht meine Absicht.*

F: *Wie bist du auf Sophie gekommen?*

A: *Ich habe sie einfach angeschrieben und dann ist es losgegangen.*

F: *Was habt ihr denn geschrieben?*

A: *Ja, nur so normale Sachen, nichts Besonderes.*

F: *Du weißt, wir haben die Chats vorliegen. Schau an, was da drinnen steht.*

MeinKollege nahm den Stapel an Papier mit den ausgewerteten Nachrichten zwischen Sophie und dem Beschuldigten und schob diesen zu ihm hinüber. Auch sein Anwalt interessierte sich dafür und bewegte sich in Sandros Richtung. Nachdem der junge Mann einige Seiten überflogen hatte, nahm der Anwalt das Konvolut und legte es sich auf seinen Schoß. Trotz eindringlicher Warnung seines Rechtsbeistandes lavierte der Beschuldigte in der Beantwortung der Fragen herum. Auch die Konfrontation mit den Namen weiterer Opfer, die Anzeige erstattet hatten oder von uns aus kontaktiert wurden, brachte keine befriedigende Antwort.

Nicht nur mein Kollege und ich verloren langsam, auch aufgrund der bereits vielen geleisteten Arbeitsstunden an diesem Tag, die Geduld mit ihm. Auch Sandros Verteidiger rollte mehrmals die Augen nach oben oder seufzte laut auf, bevor er sich wieder dem Akt mit den Chats widmete.

Immer wieder kam von ihm die gleiche Antwort *„Nein, ich kenne die Namen nicht. Das sagt mir nichts."* Sobald er mit einem Chatauszug konfrontiert wurde, änderte er seine Antwort immer gleich ab: *„Das kann schon sein. Ich kann mich echt daran nicht erinnern. Das ist schon sehr lange her."*

Nachdem die Befragung zu den Opfern keine weiteren Erkenntnisse brachte, änderte mein Kollege das Thema.

F: *Sandro, wie würdest du dein Sexualleben beschreiben?*

Auf diese Frage war er nicht vorbereitet, daher antwortete er zu Beginn ausweichend und nicht konkret.

A: *Ich kann das hier nicht so beantworten. Ich würde sagen eh normal.*
F: *Hast du aktuell eine Freundin?*
A: *Ja schon, aber bevor etwas jetzt gefragt wird – die ist 19 und wohnt in Österreich.*
F: *Dann erzähle uns, wie du sie kennengelernt hast?* (Anm. des Autors: Für manche Beobachter mögen diese Fragen eigenartig oder sogar unpassend sein, aber sie unterstützen die Ermittler, den Sachverhalt und die Beweggründe aufzuklären, außerdem lenken sie den Beschuldigten ein wenig von der Sache ab.)
A: *Im Internet, beim Zocken. Sie hat mich angeschrieben. Das war für mich eine neue Situation.*
F: *Warum war das für dich eine neue Situation?*

A: *Weil ich normalerweise die Mädchen anschreibe. Wir sind seit knapp sechs Monaten ein Paar. Sie weiß auch von der ersten Hausdurchsuchung. Für sie ist das aber kein Problem und sie will mich unterstützen.*

F: *Wie würdest du dein Sexualleben mit ihr beschreiben?*

Bevor Sandro etwas sagte, zögerte er und versuchte, die richtigen Worte auszudrücken.

A: *Sex hatten wir noch keinen, aber halt die anderen Sachen. Ich kann das so schwer sagen, weil ich normalerweise über mein Sexleben mit niemandem so spreche.*

Plötzlich stoppte er seine Aussage und ich deutete ihm mit der Hand, dass er weiterreden solle.

A: *Wir haben uns in den sechs Monaten auch nur einmal gesehen und das war am Hauptbahnhof.*

F: *Und was meinst du dann mit „andere Sachen"?*

A: *Ja, Fotos und Videos schicken. Das mag ich eher mehr. So in echt bin ich sehr schüchtern und dann passiert nicht viel.*

Genau auf diesen Moment habe ich gewartet. In mehreren Chats, die auf Sandros Handy gefunden wurden, war das Thema „Erektionsstörung" eine Diskussion zwischen den Mädchen und dem Beschuldigten. Sie machten sich lustig, dass er keine Standkraft besaß.

F: *War das bei den Mädchen, die du getroffen hast, auch so?*

A: *Ja schon, aber ich war halt so nervös.*

F: *Sandro, hattest du überhaupt schon irgendwann einmal Sex?*

Ich erkannte, dass ihm diese Frage besonders unangenehm war. Er rutschte nervös auf seinem Stuhl von einer Seite auf die andere, gleichzeitig vermied er jeglichen Blickkontakt zu mir oder meiner Kollegin.

A: *Ja, sicher! Was ist das überhaupt für eine Frage?*
F: *Und war das erste Mal mit einem Mann oder einer Frau?*

Es wurde plötzlich ganz still im Raum. Mein Kollege unterbrach das Tippen in dem Computer und auch der Rechtsanwalt blickte fragend auf. Mir war bewusst, dass ich mit dieser Frage sowohl den Rechtsanwalt als auch Sandro überraschte. Mein Kollege nickte in meine Richtung, da auch sie die Inhalte der Chats fast schon auswendig kannte. Aus den vielen Nachrichten konnten wir herauslesen, dass Sandro zwar viele Treffen mit Mädchen hatte, er aber bei jedem Treffen spätestens dann scheiterte, wenn sein Penis keine Erektion bekam. Nach den Treffen schrieben ihm die jungen Damen oft, dass sie glaubten, er sei impotent oder gar schwul. Teilweise beschimpften sie ihn auch aufs Gröbste, was wiederum zu (online)-Gefühlsausbrüchen des jungen Mannes führte. Später löschte oder blockierte er die Kontakte, nur um wenige Tage später wieder mit ihnen zu schreiben. Aufgrund der großen Anzahl an Chatpartnern vergaß Sandro manchmal, dass er sie blockierte oder mit ihnen einmal geschrieben hatte.

Obwohl es generell für eine mögliche Impotenz viele Gründe gab, war dies für einen jungen Mann wie Sandro doch eher ungewöhnlich. In so gut wie allen Chats mit den Opfern beklagten diese das mangelnde Stehvermögen von Sandros Glied oder seine angeblich fehlende Lust. Um zu beweisen, dass er sehr wohl eine Erektion haben könne, schickte er mehrere Fotos und Videos von sich an die Mädchen. Alle Videos stammten aber nicht von ihm, sondern von anderen, augenscheinlich minderjährigen, Männern. Darüber hinaus erkundigte sich der Beschuldigte bei fast jedem Chat mit den Mädchen, ob diese (jüngere) Brüder hätten. Sofern diese Frage mit „ja" beantwortet wurde, versuchte er, oft vergeblich, Kontakt zu diesen aufzubauen. Die meisten dieser Buben waren zwischen acht und zehn Jahre alt.

Derartiges Verhalten lässt mich, auch noch heute, zweierlei Schlüsse ziehen, entweder der Beschuldigte muss sich noch finden, zu welchem Geschlecht er sich hingezogen fühlt oder er verbirgt offen eine homosexuelle Neigung aus mehreren Gründen. Nach außen hin zeigt die Person, in dem Fall der Mann, dass sie sich zum weiblichen Geschlecht klar hingezogen fühlt. Sobald aber niemand zusieht bzw. zuhört und die Person online ist, wird das tatsächliche Interesse voll ausgelebt.

Bei Pädophilen oder Online-Missbrauchstätern ist das nicht anders. Viele davon leben in einer heterosexuellen Ehe, bevorzugen aber Missbrauchsabbildungen von minderjährigen bzw. unmündigen Knaben.

Noch immer ist es ruhig im Vernehmungsraum. Sandro weicht weiterhin jeglichem Blickkontakt aus und stammelt irgendwelche unverständlichen Sätze.

A: *Warum soll ich was mit Männern haben? Ich bin doch nicht schwul!*

Nachdem seine Aufregung weiterhin groß war, unterbrachen wir die Vernehmung für eine Pause. Sandro war ein starker Raucher, wodurch stundenlange Vernehmungen, sowohl physisch, als auch psychisch für den Beschuldigten sehr belastend sein konnten.

Während der Rechtsanwalt und mein Kollege über eine andere Angelegenheit sprachen, ging ich mit dem 21-Jährigen auf den Raucherplatz, wo er hastig eine Zigarette anzündete. Er blies den ersten Rauchschwall mit vollem Druck nach außen.

Er starrte in die Ferne und sagte kein Wort. Auf mich wirkte er sehr nachdenklich. Ich fragte ihn, was ihm so durch den Kopf ging und plötzlich begann er sich zu öffnen. Das, was er sagte, überraschte und beunruhigte mich zugleich. Stand ein gefährlicher Pädophiler vor mir oder doch nur jemand, der dringend eine therapeutische Unterstützung benötigte?

Das Geständnis

Als wir wieder in den Vernehmungsraum gingen, äußerte ich gegenüber meinem Kollegen und dem Rechtsanwalt, dass der Beschuldigte nun bereit sei, alles zu sagen.

Mein Kollege und ich waren voller Erwartungen und auch der Rechtsanwalt des Beschuldigten atmete erleichtert auf. Sandro S. begann mit seinem vollumfassenden Geständnis.

Ich weiß gar nicht, wo ich anfangen soll, aber ich fühle mich innerlich, seit ich denken kann, nicht wohl. Meine Schulkollegen hatten damals mit zehn oder elf Jahren schon Freundinnen und die haben mich immer ausgelacht, warum ich keine habe. Ich habe ja versucht, den Mädchen näherzukommen, aber die haben sich alle über mich lustig gemacht.

S. unterbrach seine Aussage und begann völlig unerwartet zu weinen.

Die erste sexuelle Erfahrung hatte ich mit einem drei Jahre älteren Mann. Da war ich 13 und er eben 16. Den habe ich im Internet kennengelernt. Das war auf einer Sexplattform, wo wir beide unser Alter vorgetäuscht haben, um Sexpartner zu treffen. Ich habe den Tipp von einem Freund erhalten, der gemeint hat, dass man da leicht jemanden finden kann. Er war der Erste, bei dem ich das erste Mal so etwas wie sexuelle Erregung empfand. Als wir uns dann getroffen haben, war das sehr enttäuschend. Ich hatte absolut keine Erfahrung und er anscheinend auch nicht. Wir hatten dann gegenseitigen Oralverkehr. Ich habe mich auch wirklich schlecht gefühlt danach. Eine Befreiung, wie es viele beschreiben, habe ich nicht gespürt. Das Problem ist, dass ich mir nach wie vor nicht sicher bin, ob ich mehr für Frauen oder Männer empfinde.

Nachdem Sandro uns die Anzahl der Opfer und die Tatzeiten bestätigt hatte, offenbarte er uns weitere Aspekte und Beweggründe seiner Vorgehensweise.

Ich habe den Überblick über die ganzen Chats verloren. Wenn ich mit jemandem geschrieben habe, dann habe ich schon erwartet, dass ich die geforderten Bilder und Videos bekomme. Wenn es mir zu anstrengend war, habe ich jemand anderem geschrieben. Leider habe ich dann oft übersehen, dass ich manche Mädchen zwei- oder dreimal angeschrieben habe. Die haben sich dann teilweise selber gekannt.

F: *Über welche Plattformen hast du Kontakt zu ihnen aufgebaut?*
A: *Hauptsächlich über Snapchat und Instagram. Ich war Mitglied in vielen Gruppen, da habe ich mit vielen mir unbekannten Frauen schreiben können.*
F: *Für welche Mädchen hast du dich besonders interessiert?*
A: *Zwischen 12 und 15. Mädchen, die wenig Erfahrung hatten und auch schnell Fotos und Videos schickten.*
F: *Und Jungs?*
A: *Das war eher eine Fake-Aktion. Die haben mich kaum interessiert. Die haben mir schneller was geschickt, als die Mädchen. Die Fotos und Videos habe ich dann anderen Mädchen weitergeschickt.*
F: *Warum hast du die Dateien von minderjährigen Buben weitergeschickt?*
A: *Die Fotos und Videos waren gut. Schöne Körper, teilweise großer Penis und das haben die Mädchen verlangt.*

Auf die Frage, warum er keine Fotos oder Videos von sich selber geschickt hat, schwieg Sandro S. Da war sie wieder, die Situation, in der ich den Beschuldigten an einem wunden Punkte traf. Jeder Mensch zeigt in solchen Momenten andere Reaktionen. Während der Vernehmung sind diese Zeichen oft schnell zu identifizieren.

Mir ist das sehr unangenehm vor einer Frau zu sagen, aber ich habe ernsthafte Probleme, einen Ständer zu bekommen. Es klappt einfach nic. Ich habe da noch nie mit jemandem darüber gesprochen, daher ist es für mich auch schwer.

F: *Warum wollest du dann von den Mädchen, dass sie so brutale Dinge mit sich selber machen?*
A: *Die meisten haben es ja eh nicht gemacht. Ich habe gewusst, dass die das nur geschrieben haben, damit ich sie in Ruhe lasse. Die haben mir ja auch gar nichts geschickt. Das sehen Sie eh auf der Auswertung.*

Diese Ausrede ließ ich nicht gelten und legte dem Beschuldigten die Chats, die Inhalte der Opfervernehmungen und auch die Lichtbildbeilagen mit den Videoabschnitten vor.

F: *Ganz offen, diese Sachen zeigen ein ganz anderes Bild. Wie kannst du dir das erklären? Du hast mit Mädchen geschrieben, die sogar überlegt haben, sich deswegen umzubringen.*

A: *Mir war das ja alles nicht bewusst. Ich habe da nicht nachgedacht. Das war so eine Art Sucht. Ich habe nicht anders gekonnt. Außerdem hat sich ja dann eh keine davon umgebracht.*

F: *Warum hast du dann verlangt, dass sie sich Stifte, Uhu-Sticks oder Obst einführen und sich selbst dabei filmen? Bei einer wolltest du sogar, dass sie sich ein Handyladekabel einführt.*

A: *Das war irgendwie interessant. Ich wollte sehen, ob das geht. Ich habe das einmal in einem Porno gesehen. Ich konnte nicht widerstehen, das zu fordern.*

Sandro S. begann leicht zu grinsen und wirkte auf mich sogar ein wenig stolz.

F: *Sandro, wieso hast du von den Mädchen verlangt, dass sie ihre jüngeren Brüder zu sexuellen Handlungen auffordern? In einem Chat schreibst du zum Beispiel, dass das Mädchen zu ihrem achtjährigen Bruder gehen soll, ihm die Hose ausziehen solle und mit seinem Penis spielen muss. Das solle sie alles auf Kamera festhalten.*

A: *Die haben das nicht gemacht. Daher ist nichts passiert.*

F: *In vielen Chats hast du die Kontaktdaten von den großteils unmündigen Buben eruiert, dich dann als 15-jähriges Mädchen ausgegeben, manchmal warst du auch 13, und hast sie aufgefordert, Bilder und Videos mit sexuellen Handlungen von sich selber anzufertigen. Warum?*

A: *Das ging so nebenbei mit. Es war etwas anderes. Manchmal auch Spaß.*

F: *Und wieso hast du dann Fotos und Videos geschickt, die du zuerst von den anderen Mädchen geschickt bekommen hast? Einmal hast du sogar dem 11-jährigen Moritz ein Selbstbefriedigungsvideo* von seiner eigenen 14-jährigen Schwester geschickt. Der ist seitdem bei einem Therapeuten.

A: Das mit Moritz ist mir unabsichtlich passiert. Da habe ich mich leider vertan. Wenn ich nichts geschickt hätte, dann hätte ich ja nichts bekommen.

F: Was hast du immer gedacht, wenn du Fotos und Videos mit Missbrauchsabbildungen erhalten hast?

A: „Missbrauchsabbildungen"? Das Wort ist ja schon hart. Ich habe mich darüber gefreut, was die alles so machen, wenn ich das sage. Da kann man nicht einfach aufhören. Ich weiß ja, dass es falsch ist, aber innen in mir, da habe ich den Druck, immer wieder sowas zu tun.

F: Tut es dir dann leid, wenn du solche Sachen geschickt bekommst? Einige Mädchen und Buben haben dir sogar geschrieben, dass sie sich schlecht fühlen.

A: Nein, eher nicht. Es erregt mich auf eine gewisse Art und Weise. Und ehrlich gesagt, habe ich die ganzen anderen Worte dann vergessen bzw. ausgeblendet.

F: Sandro, du hast nach unserer ersten Vernehmung versprochen, dass du dir Hilfe suchst. Warum hast du nichts getan?

A: Ich weiß nicht, wo oder bei wem. Was soll ich sagen, wenn ich bei so einer Telefonnummer anrufe? Die finden mich ja sicher krank. Meine Befürchtung war, dass sie mich dann anzeigen und dann einsperren und ich dann nie wieder herausgelassen werde.

F: Wie, glaubst du, kann man dir denn helfen?

A: Ich weiß es echt nicht. Ich mache es ja eh nicht mehr. Das hat ja alles Konsequenzen und ist nicht richtig.

A: An welche Dinge denkst du, wenn du alleine zu Hause oder im Zimmer bist?

A: Dass mich die Mädchen endlich respektieren sollen und mich nicht mehr auslachen. Das geht mir immer durch den Kopf. Es tut mir schon irgendwie leid, dass ich Ihnen so viel Arbeit mache. Aber die Mädchen sind ja schon irgendwie selber schuld. Die müssen das doch nicht machen. Ich denke mir dann schon … hmmm … naja, dass sie das vielleicht auch wollen. Sie blockieren mich ja nicht, sondern schicken was. Ich weiß ja, dass sie die Chats alle *gelesen haben. Daher will ich auch offen sein, so wie ich es Ihnen vorher versprochen habe. Leid tut mir in diesem Zusammenhang eigentlich niemand.*

So ehrlich diese Antwort auch war, war sie doch ein wenig überraschend, weil oftmals die Reue nach so einem Geständnis erfolgt. Somit folgte keine Entschuldigung oder die Bitte nach einer Information, wo man sich Hilfe suchen kann. Laut Sandro sei für ihn eben nicht alles so glatt gelaufen, wie er sich das gedacht hatte.

Solche Vernehmungen sind selbst für erfahrene Kriminalbeamte sehr selten. Sandro zeigte zu keiner Zeit irgendeine Art von Reue oder Mitgefühl für seine Opfer. In Nebengesprächen, die ebenfalls für das Gericht schriftlich festgehalten wurden, stellte sich heraus, dass der Beschuldigte eher dem männlichen Geschlecht zugeneigt war und er anhand der Handlungsanweisungen an die Mädchen versuchen wollte, ob er nicht doch heterosexuell sei.

Anders als in den meisten anderen Fällen im Bereich der Sexualdelikte steigerte sich Sandros Verhalten innerhalb so kurzer Zeit. Es kommt sehr selten vor, dass junge Männer derart rasch von Online-Kindesmissbrauch- zu „Hands On"- Tätern (Anm.: Personen, die tatsächlich eine Person physisch auf verbotene Weise missbrauchen) werden.

Um besser zu verstehen, wie das passieren kann, wird die Vorgehensweise des Sandro S. aufgelistet und genauer beschrieben. Die Grundlage dazu fanden wir in den ausgewerteten sichergestellten Datenträgern.

Der Modus Operandi

Das lateinische Wort „Modus Operandi" wird im Duden als Art und Weise des Handelns, Tätigwerdens beschrieben. In meiner Arbeit als Kriminalbeamter ist der Modus Operandi ein wesentlicher Bestandteil, eine Straftat zu erkennen und den Täter zu fassen. Jeder Mensch hat in allen Angelegenheiten einen Modus Operandi, und das in ganz banalen Bereichen, wie zum Beispiel beim Kochen oder dem Reparieren von Sachen. Jeder Täter hat bei seinen Tathandlungen seinen eigenen, von anderen Tätern unterschiedlichen Modus Operandi, selbst wenn die Straftat ein und dieselbe ist. Ein Ladendieb kann vor dem Diebstahl die Filiale eines Geschäftes mehrmals betreten und erst dann, wenn er die Abläufe des Personals kennt, die Tat begehen. Ein anderer Ladendieb geht sofort in das Geschäft, nimmt das Diebesgut aus dem Regal und verlässt das Geschäft, ohne die Ware zu bezahlen. Beide Täter haben dieselbe Straftat begangen, jedoch unterscheidet sich die Art und Weise des Handelns. Solange sie mit diesem Modus Operandi Erfolg haben, werden sie diesen nicht verändern. In vielen Fällen steigert sich aber das Ausmaß der Tat an sich bzw. deren Folgen. Beide Ladendiebe stehlen zu Beginn Waren mit geringem Wert, steigen dann schnell auf teurere Artikel um.

Genauso verhält es sich auch bei den Beschuldigten eines Online-Kindesmissbrauches. Jeder Täter geht anders vor und findet einen anderen Zugang zu den Dateien. Bei Sandro S. war es nicht nur der Besitz und die Weitergabe pornografischer Darstellungen Minderjähriger, sondern auch das konkrete Anschreiben von Opfern, um diese zu Handlungen zu verleiten bis hin zu tatsächlichen Treffen. Auch für uns Ermittler war diese Vorgehensweise sehr außergewöhnlich. Sandro S. deckte sämtliche Schritte einer Eskalation in solchen Fällen ab.

S.' Modus Operandi begann mit der Erstellung eines Profilbildes, welches ihn in den sozialen Medien jünger aussehen ließ. Mit diesem Profil nahm er an mehreren deutschsprachigen Chatgruppen, zumeist über Snapchat, teil. Innerhalb dieser Gruppe schrieb er mit niemandem, sondern suchte sich mehrere Personen heraus, mit denen er in Einzelchats Kontakt aufnahm. Wie so ein Chat aussah, wurde zu Beginn des Kapitels bereits beschrieben. Generell begann er jeden Chat fast ident auf diese Art und Weise. In weiterer Folge führte jeder Chat zu Forderungen seitens des Beschuldigten. Die Präferenz richtete sich an Minderjährige und Unmündige beides Geschlechts, jedoch kommunizierte er zum überwiegenden Teil mit Mädchen. Knapp die Hälfte der Angeschriebenen beendete die Konversation relativ schnell, auch mit der Aussage, die Polizei darüber zu informieren. Im Nachhinein konnte festgestellt werden, dass bei 20 derartiger Aussagen keine Anzeige erstattet wurde. Diejenigen, die seinen Anleitungen folgten, wurden später dazu bewogen, Videos und Fotos von den Handlungen zu erstellen und ihm zu übermitteln. Ein nicht unwesentlicher Anteil der Opfer führte dies auch durch. Ab hier beginnt der springende Punkt: Sandro S. hatte einen Hang zu Mädchen aus besonders zerrütteten Familien und band diese mit Liebesbekundungen und Versprechungen an sich. Diese Mädchen schickten ihm dann auch unaufgefordert Nacktbilder von sich selbst in der Hoffnung, dass er positiv bewertete. Ein 13-jähriges Mädchen aus einer Sozialeinrichtung kaufte sogar Reizwäsche, fotografierte sich damit und schickte sie ihm zu mit der Bitte um ein baldiges Treffen. Neben diesem Chat begann er parallel mit anderen Mädchen ebenfalls zu schreiben.

Da er bei vielen Chats nicht ganz so erfolgreich die geforderten Dateien erhielt, passte er seinen Modus Operandi an. Er erstellte mehrere falsche Profile, in denen er sich als Frau ausgab. Dazu verwendete er die Dateien, die ihm die Opfer davor zuschickten. Mit diesen Fotos und Videos verleitete er weitere Mädchen, ihm weiteres Material zu schicken. Nach wenigen Anläufen bemerkte er jedoch, dass ihm die Mädchen die Fake-Profile nicht abkauften. Er änderte erneut seine Handlungen und schrieb gezielt Buben im Alter zwischen 8 und 14 Jahren an. Diese hatten weniger Scham und schickten ihm bereitwillig zahlreiche Masturbationsvideos zu.

Während dieser intensiven Chatphase schrieb er täglich zeitgleich mit fast 100 verschiedenen Personen. Für einen wie Sandro S., der eine diagnostizierte Lernschwäche hat, ist dieser Vorgang durchaus beachtlich. Es ging sogar so weit, dass er sich in den Chats oftmals irrte und mit manchen Personen mehrmals schrieb, obwohl diese bereits wussten, dass es sich um Sandro handelte. In dieser Zeit entschloss er sich dann schlussendlich, dass er konkret nach persönlichen Treffen fragte. Derartige Zusammenkünfte begannen und endeten zumeist wie bei der 13-jährigen Sophie. Laut der Chats der diversen Personen wirkte S. ungepflegt, schüchtern und ergriff selten bis gar nicht die Initiative. Alle Treffen fanden draußen statt, auch im Winter. Er lud nie Mädchen zu sich nach Hause ein oder besuchte diese bei ihnen daheim. In zwei Fällen versuchte er, einvernehmlichen Geschlechtsverkehr mit den minderjährigen Mädchen durchzuführen, scheiterte aber mangels erfolgreicher Erektion. Dies führte dazu, dass einige dieser Minderjährigen S. in den sozialen Medien verspotteten. *„Schlappschwanz", „Schlaffe Nudel", „Impotent"* waren die am häufigsten verwendeten Ausdrücke. In genau solchen Phasen wurde sein Modus Operandi aggressiver. Der Beschuldigte forderte, wiederum online, die Mädchen dazu auf, dass sie sich mehrere Gegenstände vaginal einführten, was zu gefährlichen Situationen führte. Auch von diesen Handlungen erhielt er Fotos und Videos.

Die Spirale drehte sich immer weiter. Obwohl S. versuchte, mit Sexspielzeug, wie z. B. mit dem pinken Vibrator, die Mädchen bei den Treffen zu befriedigen, blieb am Ende ausschließlich Spott im Netz. Die Art und Weise des Handelns des Sandro S. wurde von diesem bewusst oder vielleicht auch unbewusst angepasst. Ohne therapeutische Unterstützung ist ein Ausweg kaum möglich.

Dazu muss auch erwähnt werden, dass einige der Opfer innere Verletzungen von den Handlungen davontrugen und erst aufgrund der Ermittlungen unsererseits ausgeforscht werden konnten. Nicht jedes Mädchen konnte sich jemandem anvertrauen und Anzeige erstatten.

Der Abschluss

Aufgrund der Tatsache, dass Sandro S. keine Reue bei seinen Taten zeigte, sah sich das Gericht mit der Situation konfrontiert, den jungen Erwachsenen begutachten zu lassen. Dabei stellt das Gericht die Frage, ob S. eine Gefahr für die Gesellschaft darstellt. Darüber hinaus wird festgestellt, wie ein möglicher Therapieplan für den jungen Mann aussehen kann und wie hoch die Chancen einer Besserung sind. Jedenfalls betrug die Untersuchungshaft knapp ein Monat. Währenddessen waren drei Therapeuten mit verschiedenen Schwerpunkten mit der Behandlung von S. beschäftigt.

Zu meiner Überraschung fiel das Gutachten zugunsten des 21-Jährigen aus. Laut Sachverständigen gab es durchaus Chancen auf Besserung, besonders da S. eine diagnostizierte geistige Beeinträchtigung besaß und diese behandelt werden könne. So zumindest die Theorie. Realistisch gesehen ist es unabdingbar, dass der Patient auch aktiv daran teilnimmt und sich mit seinen Präferenzen auseinandersetzt. Die Mutter des Beschuldigten teilte uns nach der Begutachtung mit, dass eine frühere Therapie viel Leid und Trauer verhindert hätte. Auch sie fühlte sich schuldig, nicht mehr auf ihren Sohn eingewirkt zu haben. Die Opfer taten ihr aufrichtig leid und sie gab weiter an, keine ruhige Nacht mehr gehabt zu haben.

Selbst für uns hartgesottene Ermittler war dieser Fall einzigartig und schockierend. Bis zuletzt gab es kaum Täter in dieser Altersklasse mit einer derartigen Steigerung ihrer kriminellen Handlungen in Bezug auf die sexuellen Vorlieben. In kurzer Zeit produzierte S. eine Unmenge an Opfer und das mithilfe eines Mobiltelefons. Interessanterweise gab es innerhalb weniger Monate nach der Festnahme des S. weitere junge Täter mit einer brutalen Vorgehensweise. Einer der Beschuldigten war erst 16 Jahre alt und wurde verdächtigt, Geschlechtsverkehr mit einer 12-Jährigen gehabt zu haben. Auf Basis der drastischen Vorgänge der Täter sprach ich mit einer Therapeutin im Zuge einer Amtshandlung. Diese teilte mir völlig unverblümt mit, dass es keinen Grund braucht, warum die Jugendlichen immer mehr verbotene Sachen tun. Es

ist der nicht korrekte Umgang und die mangelnde Auseinander-
setzung mit der eigenen Sexualität, die fehlende Unterstützung
vieler Eltern und das Überangebot an Pornografie im Internet.

S. blieb, laut Gutachten, in der sexuellen Entwicklung mit zehn
Jahren stehen. Die Person wurde physisch älter, der Geist und das
sexuelle Interesse blieben aber in dieser Altersklasse. Nach der
Vernehmung teilte uns S. mit, dass er zum ersten Mal ein Mädchen mit zehn Jahren nackt gesehen hatte. Das Mädchen selber
war seine Cousine, die ebenfalls zehn war. Er hatte sich durch den
Anblick erregt gefühlt und dieses Gefühl nicht richtig einordnen
können. Zuerst vertraute er sich seinem Vater an, der ihn aber
abwimmelte und ihm sogar körperliche Gewalt androhte. Als er
mit 13 bemerkte, dass er auch dem männlichen Geschlecht nicht
abgeneigt war, fragte er seine Mutter um Rat. Auch sie reagierte ablehnend und nach wenigen Minuten wurde das Thema ge-
wechselt. Er blieb mit der Situation alleine und fühlte sich ver-
wirrt. Laut S.' Angaben sei er in diese Situation hineingeschlittert,
ohne etwas dafür zu können.

Auch in diesem Fall fiel mir persönlich auf, dass bereits Jahre
vor diesen Vorfällen der Beschuldigte selbst bemerkte, dass etwas
mit ihm nicht stimmte. Die Unterstützung der Eltern erhielt er
dabei nicht. Aufgrund seiner geistigen Beeinträchtigung war es
ihm auch nicht möglich, Freunde zu gewinnen und mit ihnen darüber zu sprechen. Doch bereits in jungen Jahren ist es möglich,
mit therapeutischer Unterstützung viel Schaden abzuwenden,
um einerseits mögliche Opfer zu schützen und andererseits die
positive Entwicklung des Kindes bzw. Jugendlichen zu fördern.

Obwohl die Causa Sandro S. für mich sehr anstrengend zum Verarbeiten war, dauerte es nicht lange, bis ich eine neue Information einer NCMEC-Meldung und der Bearbeitung des Falles einer
Sondergruppe der Kriminalpolizei erhielt. Bei der Ausforschung
des Täters stießen die ErmittlerInnen auf keinen Unbekannten
und die festgestellten Dateien stellten viele uns bereits bekannte Online-Missbrauchsabbildungen, aufgrund des Sadismus, in
den Schatten.

DER FALL HARALD M.

Der Promi

Bei diesem Fall sprach ich mit mehreren ErmittlerInnen der Sondergruppe der Kriminalpolizei. Dies waren ihre Angaben:

Die im deutschsprachigen Raum beliebte Krimiserie „TATORT" zeigt den Zusehern ein Bild, in denen Polizisten bzw. Kriminalbeamte in weniger als einer Stunde den Täter ausforschen, den Fall klären und das Motiv der Tat herausfiltern. Für uns Kriminalisten wäre eine derartige Vorgehensweise eine traumhafte Vorstellung, die in der Realität nicht einmal bei einem Kaugummidiebstahl funktioniert. Der erste schwierige Punkt in der Kriminalarbeit ist das Ermitteln eines Namens, der eventuell mit der Tat in Zusammenhang stehen könnte. Manchmal kommt es vor, dass der vermeintliche Täter doch nicht die Straftat begangen hat.

Die Sondergruppe der Kriminalpolizei widmet sich seit Beginn an den Sexualdelikten, insbesondere die Bekämpfung des Online-Kindesmissbrauchs. Dabei werden zumeist IP-Adressen und User-Namen seitens NCMEC zur Verfügung gestellt. Zumeist führen verschiedene Einheiten Ermittlungen im Anschluss mit diesem Datenmaterial durch. Diese mühevolle Arbeit, den User „XY" in Verbindung mit einer realen Person zu stellen ist oftmals Kleinarbeit. In den meisten Fällen ist das relativ einfach möglich. Es gibt aber auch Situationen, in denen diese Arbeit mit vielen Rückschlägen in Verbindung steht.

Von NCMEC wurde der Discord-User (Anm. des Autors: „Discord" ist eine Kommunikationsplattform, die vorwiegend im Bereich der Online-Spiele verwendet wird) „kleinerHLD" mitsamt der IP-Adresse an die ErmittlerInnen übermittelt. Die mitgelieferten Informationen von NCMEC halfen uns ErmittlerInnen zuerst einmal gar nicht. Als E-Mail-Adresse wurde eine Einmal-Adresse verwendet (Anm. des Autors: Derartige Mailadressen werden nur einmal für die Anmeldung auf diversen Plattformen verwendet und dann nicht mehr weiterbenutzt). Ebenso war die mitgelieferte Telefonnummer nicht existent. Gemeinsam mit meinen Kollegen stand ich vor vielen Fragen und keinen Antworten. Nur die mitgelieferten Dateien von NCMEC, die der bislang unbekannte Täter hochgeladen hatte, zeigten das sadistische Interesse dieser Person. Es waren grausame Folterabbildungen mit Kindern in Verbindung mit pornografischen Darstellungen Minderjähriger.

Mithilfe des gesamten Teams und mehrerer Ermittlungsschritte kam es wenige Tage später zu den ersten Durchbrüchen in diesem Fall. Insgesamt nutzte der Täter für die Nutzung seines Discord-Accounts verschiedenste IP-Adressen. Eine Zuordnung zu einer konkreten Person war generell technisch nicht möglich. Doch eine IP-Adresse stach heraus, da sie nur einmal benutzt wurde, und das am 24.12., also genau zu Weihnachten. Diese Adresse war einem Firmengebäude eines internationalen Konzerns zugeordnet, womit die Sache nun mehr Formen annahm, aber die Ermittlungen nicht vereinfachte. Dieser Konzern besaß mehrere Standorte in Deutschland und Österreich, in der Umgebung der IP-Adressejedoch nur einen. Ermittlungstaktisch ist es sehr heikel, sofort Kontakt mit der Firma aufzunehmen, da die Herausgabe von Informationen oftmals mühsam ist und die Gefahr besteht, dass der Beschuldigte davon etwas mitbekommt.

Intern berieten wir uns sehr lange, um die Vorgehensweise so risikolos wie möglich zu gestalten. Nachdem es mein Fall war und 100%ige Sicherheit unmöglich ist, entschied ich mich, die Europazentrale des Konzerns direkt anzurufen. Nach unzähligen Weiterleitungen und vielen Minuten in der Warteschleife mit einschläfernder Klaviermusik wurde ich schlussendlich doch wieder woanders verwiesen. Erfreulicherweise erhielt ich am Ende des Telefonats noch einige Informationen über die generellen Arbeitszeiten des Personals. Grundsätzlich gibt es am 24.12. keinen Betrieb an den Standorten, ausgenommen MitarbeiterInnen, die von Dienstreisen zurückkehren und einen abschließenden Tätigkeitsbericht verfassen. Somit handelte es sich mit hoher Wahrscheinlichkeit um einen Vertreter, der international unterwegs war. Nach damaligem Wissensstand gab es am Standort der IP-Adresse davon insgesamt drei Personen. Danach wurde ich weiter verbunden und musste erneut viele Minuten warten. Nach erneut vielen Gesprächen landete ich schlussendlich beim richtigen Ansprechpartner, in der Rechtsabteilung. Die Mitarbeiterin gab mir bekannt, dass es zwar möglich sei, IP-Adressen und den dazugehörenden User zu verifizieren, aber nur mittels Anordnung durch das Gericht. Ich war nicht überrascht und holte mir diese Auskunftsanordnung von der zuständigen Staatsanwaltschaft. Nach nicht einmal zwei Tagen erhielt ich das Ergebnis: Am 24.12. war die IP-Adresse in der Firma aktiv und wurde vom Nutzer „Harald M." genutzt.

Obwohl ich mich sehr über diesen ersten Ermittlungserfolg freute, stand ich unter Druck. Niemand wusste, wie viel Informationen die Firmenzentrale an M. weiterleitete oder ob jemand ihn über die Anfrage informierte. Oftmals kennen die Auskunftspersonen den Beschuldigten sehr gut und sprechen diesen dann direkt an. Nicht selten kommt es vor, dass Beschuldigte bei Bekanntwerden von Ermittlungen Beweismittel vernichten oder diese anderweitig manipulieren. Für uns als ErmittlerInnen hieß es, schnell weitere Informationen zu sammeln und eine Anordnung zur Hausdurchsuchung bei der Staatsanwaltschaft zu beantragen.

Interessanterweise war es nicht schwer, öffentlich zugängliche Informationen über M. zu erhalten. Neben seiner beruflichen Tätigkeit als leitender Angestellter und Vertriebsmitarbeiter war er zum Zeitpunkt der Erhebungen sehr aktiv auf sozialen Medien. Selbst einen TikTok-Account besaß er. Darüber hinaus war Harald M. auch ein sehr aktives Mitglied in einer politischen Partei und bewarb sich sogar zweimal, erfolglos, für das Bürgermeisteramt in einer einwohnerarmen Gemeinde. Er ließ sich gerne auf verschiedenen Zeltfesten oder sonstigen regionalen Veranstaltungen fotografieren und filmen. Durch seine Anhänger hatte M. eine große Reichweite im Internet. Auch private Aufnahmen waren zahlreich im World Wide Web zu finden. So konnten wir herausfinden, dass er mit einer zehn Jahre jüngeren Frau verheiratet war und zwei Buben mit drei und fünf Jahren hatte. Seine Frau betrieb ein Massage- und Yogastudio und war ebenfalls sehr präsent auf den sozialen Medien. Das ging sogar soweit, dass man sehen konnte, dass im Jahr 2019 eine Ehekrise stattgefunden hatte, die beide entsprechend auf Facebook kommentiert hatten. Auch seine Wohnörtlichkeit war ersichtlich. Harald M. bewohnte mit seiner Familie einen kleinen Bauernhof, auf dem er Kühe und Hühner hielt. Zusätzlich konnte er mehrere Felder sein eigen nennen.

Auf mich wirkte M. wie ein rastloser Mensch, der unzähligen Aktivitäten und Hobbys nachging, neben seiner durchaus verantwortungsvollen Arbeit in einem Konzern.

Nach diesen Erhebungen war uns allen klar, dass bei der Planung zur Hausdurchsuchung sämtliche Schritte gut durchdacht werden mussten. In Dörfern bekommen Anrainer sehr schnell mit, wenn sich ortsfremde Personen und Fahrzeuge darin bewegen. Dies führte nicht selten in der Vergangenheit zu Vorinformationen an den jeweilig Beschuldigten.

Der Einsatz

Obwohl grundsätzlich jeder Einsatz bei einer Hausdurchsuchung gleich abläuft, gibt es immer wieder kleine oder manchmal sogar größere Überraschungen. So kann es zum Beispiel schon einmal passieren, dass sich plötzlich eine Hanfplantage in einem Kasten verbirgt, sich unter der Bettdecke des Beschuldigten die heimliche Freundin versteckt, während die Ehefrau im Ausland weilt oder die immer wiederkehrende Sextoy-Lade zur Erheiterung im Kollegenkreis führt. Somit gibt es kaum Geschehnisse, die erfahrene Ermittler erschüttern können.

Nachdem der geplante Einsatz bei M. aufgrund der exponierten Position des Beschuldigten durchaus heikel war, musste ich mich penibel auf diesen Einsatz vorbereiten. Daher war es für mich erfreulich, dass ich die Unterstützung meines Bereichsleiters bei den Vorbereitungen hatte. Schließlich hatte er durch seine jahrzehntelange Tätigkeit im Kriminalbereich Erfahrungen im Umgang mit PolitikerInnen, Prominenten oder bekannten Geschäftsleuten.

Wir entschlossen uns, die Arbeitsstelle des Beschuldigten in der Früh aufzusuchen. Im Zuge dessen positionierten sich meine Kollegen und ich vor dem Firmengebäude und warteten auf das Eintreffen von Harald M. Knapp zehn Minuten, nachdem wir die Zivilfahrzeuge abgestellt hatten, fuhr er mit seinem Firmenauto auf den Parkplatz. Uns war das Auto bekannt, da ein Ermittlerteam einige Tage zuvor bei seinem Haus vorbeigefahren war, um die örtlichen Gegebenheiten zu erkunden.

Trotz hoher Temperaturen trug der Beschuldigte Anzug, die blaue Krawatte saß perfekt und er ging schnurstracks zum Firmeneingang. Wir hatten Mühe, ihn einzuholen, schafften es aber noch bevor er das Gebäude betrat. Ich stellte mich vor ihn hin, zeigte ihm meine Polizeimarke und ging kurz auf die Anordnung zur Hausdurchsuchung ein. M. nahm das Konvolut an Zetteln entgegen und las es flüchtig durch. *„Können wir vielleicht in mein Büro gehen? Da sehen uns nicht so viele Menschen"*, bat uns Harald M. Ich antwortete ihm: *„Das trifft sich gut, denn die Anordnung betrifft auch ihren Arbeitsplatz."*

Wir folgten ihm in den zweiten Stock der Firma. Meinem Empfinden nach sagt ein Büro oder Arbeitsplatz eines Menschen viel über dessen Persönlichkeit aus. Das Büro von M. war eher klein gehalten, gerade einmal groß genug für einen Bürotisch, einen Bürosessel sowie zwei Stühle, die gegenüber dem Tisch standen. Es passten meiner Meinung nach gerade einmal fünf, maximal sechs erwachsene Personen in diesen Raum. Das schmale Fenster erfüllte den Raum nur bedingt mit Tageslicht, wodurch künstliche Beleuchtung notwendig war. Neben dem grauen Mobiliar war auch der Teppichboden in Grau gehalten. Die Luft roch abgestanden, was mich dazu veranlasste, das schmale Fenster zu öffnen.

Eines fiel aber gleich ins Auge: M. hatte viele Fotos auf den wenigen Abstellmöglichkeiten platziert. Darüber hinaus hingen mehrere eingerahmte Fotos im gesamten Raum. Sie zeigten hauptsächlich M. mit anderen Personen, teilweise mit seiner Familie. Es fühlte sich für mich so an, als wollte M. jedem Besucher seines Büros zeigen, dass er eine wichtige Persönlichkeit war, schließlich erkannte ich einige wichtige Personen neben dem Beschuldigten auf diesen Bildern.

Bevor wir überhaupt zu Wort kamen, legte M. mit einer Schimpftirade gegen uns los. Wohlwissend, um welchen Sachverhalt es ging, bezeichnete er die Vorgehensweise als rufschädigend und existenzvernichtend. *„Ich habe noch nie ein Kind angegriffen!"*, sagte er mit rotem Kopf und bebender Stimme. Darüber hinaus drohte er uns, dass er sich bei unserer übergeordneten Stelle über die Amtshandlung beschweren werde.

Nach Beendigung seiner Ausführungen sackte M. auf seinem Bürostuhl zusammen. Seine laute Stimme bewirkte genau das Gegenteil von dem, was er eigentlich erreichen wollte. Seine Arbeitskollegen versammelten sich vor seiner Bürotür. Ich hörte sie vor der Tür reden. Es klopfte und der Büroleiter von Harald M. trat ein. Er verlangte hochemotional um Aufklärung. Nachdem die Anordnung zur Durchsuchung auch den Arbeitsbereich betraf, ist es rechtlich zulässig, den Vertreter der Firma über die Amtshandlung zu informieren. Mein Chef übergab dem Vertreter eine Kopie der gerichtlichen Anordnung, die er, im Gegensatz zum Beschuldigten, genauer studierte. Noch während er Seite für Seite durchlas, setzte er sich auf einen Stuhl, M. gegenüber. Sein Gesicht wurde kreidebleich. Der Beschuldigte saß zeitgleich wie eingefroren auf seinem Bürostuhl und starrte auf seinen Vorgesetzten. Irgendwie waren alle darauf gespannt, wie die Reaktion des Abteilungsleiters ausfallen würde. Nach der letzten Seite legte er die Zettel auf den Tisch und erhob sich. *„Ich möchte, dass sie alle wissen, dass ich absolut gegen derartige Perversionen bin. Solche Menschen haben in unserer Firma nichts verloren. Meine Mitarbeiter werden selbstverständlich kooperieren. Sie müssen verstehen, dass ich jetzt einige Telefonate* *führen muss. Daher werde ich meine Assistentin holen, die sie alle unterstützen wird.*" Ohne M. eines Blickes zu würdigen ging er schnell aus dem Büro und verschwand. Harald M. saß nach wie vor wortlos auf seinem Stuhl und starrte noch immer auf den leeren Sessel, auf dem wenige Sekunden davor sein Chef gesessen hatte. Ich konnte nur erahnen, was ihm durch den Kopf ging.

Kurz nach Eintreffen der Assistentin begann nun offiziell die Hausdurchsuchung. Am Arbeitsplatz beschränkte sich diese hauptsächlich auf den Raum, in dem wir standen. Danach erfolgte die kurze Durchsuchung des Fahrzeuges. Aufgrund der Teilnahmslosigkeit des Beschuldigten verspürten alle Ermittler ein gewisses Unwohlsein bei der Amtshandlung. Besonders meinem Chef war nicht wohl dabei, dass M. mit seinem eigenen Auto nach Hause fährt. Zu groß war die Gefahr von suizidalen Absichten. Es wäre nicht das erste Mal, dass Beschuldigte während der Amtshandlung Selbstmordversuche unternahmen. Viele dieser Personen wissen, dass sowohl beruflich als auch familiär und gesellschaftlich die Welt nach Bekanntwerden derartiger Taten eine andere für sie sein wird.

Während der Autofahrt zum Wohnobjekt des M. versuchte mein Chef eine gute Gesprächsbasis aufzubauen. Dies ist aus kriminaltaktischen Gründen wesentlich. Dabei betonte der Beschuldigte immer wieder, dass er sich keiner Schuld bewusst sei und sich die Sache sicher auflösen lasse. Trotz Argumenten meines Chefs über die Beweiskraft der NCMEC-Meldungen ließ sich M. von seiner Strategie nicht abbringen.

Angekommen am Hof der Familie M. fiel uns allen ein Kontrast auf. Unabhängig vom Alter des Bauernhofes waren der Außen- und insbesondere der Innenbereich sehr unaufgeräumt und auch teilweise stark verdreckt. Jeder Raum war vollgestellt mit Spielzeug der Kinder des Beschuldigten. Die Böden waren verschmutzt, die Fenster, Türen und Oberflächen mit Spinnweben und Staub übersät. In der Küche stapelten sich die Teller mit Essensresten und die Toilette war massiv verunreinigt. Kurz zusammengefasst waren wir Ermittler vom Zustand der Umgebung sehr schockiert.

Generell sind Hausdurchsuchungen im Bereich der Sexualdelikte in geordneten Räumen wesentlich schneller vorüber und belasten somit weniger die unbeteiligten Angehörigen. Die eigenen vier Wände sind die intimsten Räumlichkeiten, die ein Mensch hat und ungeladene Gäste, die Nachtkästen durchsuchen, sind generell unerwünscht. Sofern es sich um Wohnobjekte wie bei der Familie M. handelt, gestaltet sich die Durchsuchung schwieriger. Der Zugang zu den Kästen war erschwert. Bevor man diese nach Beweismitteln durchsuchen konnte, mussten wir uns den Weg freiräumen. Auch in den Kästen herrschte massives Chaos. Die Wäsche war teilweise übereinandergeworfen und in einem Fall fiel einer Kollegin die gesamte Bettwäsche entgegen. Somit dauerte es fast bis zu 30 Minuten, bis ein Raum vollständig durchsucht wurde und auf einem Bauernhof gibt es bekanntlich viele davon.

Als wir von allen relevanten Zimmern Lichtbilder anfertigten, öffnete sich der Therapieraum von M.s Frau. Mit einem weißen Kittel bekleidet stand sie vor uns und schaute fragend zu ihrem Mann. „Was ist hier los?", fragte sie ihn völlig ahnungslos. Ohne viele Worte zu wechseln ging Harald M. weiter und drängte sie wieder in ihren Raum und schloss die Tür.

Die Durchsuchung wurde von uns fortgesetzt und gestaltete sich weiterhin, aufgrund der Unordentlichkeit, als sehr schwierig. Nach knapp drei Stunden waren gerade einmal ein Drittel der Zimmer durchgearbeitet. Während meine Kollegen akribisch jede Schublade und jeden Kasten durchsuchten, begann sich der Beschuldigte langsam uns gegenüber zu öffnen. Er versuchte, uns zu beschwichtigen und sagte zu uns, dass seine Frau seit ihrem neuen Job eine andere Person sei. Sie sei nicht so eine Ehefrau, wie er sich das wünsche. Ich versuchte, die gute Gesprächsbasis aufrecht zu erhalten und ließ mich auf dieses Thema ein.

F: *Was genau meinen Sie damit? Wo liegt das Problem?*
A: *Ich will dazu nicht viel sagen, aber mein Beruf und die Stellung*
in der Gemeinde setzen mich massiv unter Druck. Das, was ich
nicht brauche, ist eine Frau, die nur auf sich selber schaut. Bevor
wir aber offiziell reden, will ich vorher mit meinem Anwalt reden.

Die gesetzliche Grundlage erlaubte ihm das und daher ließen wir ihn, über unser Diensthandy, seinen Rechtsanwalt kontaktieren.

Nach Abschluss der Hausdurchsuchung kam uns M.s Frau erneut entgegen, diesmal ohne Kittel. Sie versuchte abermals, ihn zu fragen, warum die Polizei im Haus sei. *„Die Polizei ist bei uns im Haus, weil in der Arbeit jemand etwas behauptet hat und die glauben, es ist bei uns daheim. Ich erkläre dir das genau später"*, log er ihr ins Gesicht. Augenscheinlich begnügte sie sich mit der Antwort und verließ das Wohnzimmer, in dem wir alle standen. Bevor wir zur Polizeiinspektion, zwecks Beschuldigtenvernehmung, fuhren, telefonierte er erneut mit seinem Anwalt. Der Grund für das neuerliche Telefonat war durchaus interessant für den weiteren Verlauf der Amtshandlung.

Die Offenbarung

Nachdem Harald M. im gesamten Bezirk sehr bekannt war, war es schwer, eine Polizeistation zu finden, in der keine Bekannten von ihm waren. Wir beschlossen, in den Nachbarbezirk zu fahren, um dort die Vernehmung durchführen zu können. Einen Anwalt zog er zur Beschuldigtenvernehmung dann überraschenderweise nicht bei.

„Ich sage es Ihnen gleich, ich gebe alles zu und will aussagen. Ich möchte die ganze Sache heute so schnell wie möglich vergessen. Ich habe noch Kundentermine und muss am Abend zu einer Gemeindesitzung."

Diese Aussage war für uns einigermaßen unerwartet und legte eine Seite von M. offen, die man bei Beschuldigten in Verbindung mit Online-Kindesmissbrauch selten findet. Die meisten Beschuldigten reagieren abwartend und verzweifelt. Sie weinen oder erwähnen mehrmals, dass sie keine Arbeit und Freunde danach mehr haben werden. Täter, die gleich nach derartigen Ereignissen an ihre Arbeit oder sonstigen Verpflichtungen denken, sind eher rar gesät und sprechen eine eigene Sprache.

Die Fragen zu seiner Person lassen sich wie folgt zusammenfassen: M. wurde in einer mittelgroßen Stadt geboren und wuchs mit seinen Eltern und drei Geschwistern in einer kleinen Arbeiterwohnung auf. Als seine Großeltern starben, erbte sein Vater den alten Bauernhof, in dem Harald M. zum Zeitpunkt der Amtshandlung lebte. Als er 15 Jahren war, wollten seine Eltern in das Bauernhaus ziehen, was sie dann nach langer Diskussion auch taten. Nur sein älterer Bruder blieb in der Wohnung in der Stadt. Die Tatsache, dass er als Jugendlicher aufs Land zog, wo er niemanden kannte und weit weg von seinen Freunden war, gleichzeitig sein geliebter Bruder in der Stadt blieb, belastete Harald M. sehr. In der Schule wurde M. als Außenseiter behandelt, was dazu führte, dass er oftmals die Schule schwänzte und stattdessen mit dem Bus nach zurück zu seinem Bruder fuhr. Obwohl er tagelang in der Stadt blieb, nahmen seine Eltern keinen Kontakt zu ihm auf. In dieser Zeit kam er bei seinem großen Bruder unter, der ihn dann mehr oder weniger bis zum Abschluss des 18. Lebensjahres begleitete. Spät, aber doch schloss M. eine Lehre zum Logistiker ab und wechselte relativ häufig den Arbeitgeber. Bei einer dieser Firmen lernte er seine spätere Frau kennen. Nach der Geburt des ersten Kindes entschlossen sie sich, aufs Land zu ziehen und nahmen zögerlich das Angebot der Eltern an, zu ihnen zu kommen. Er versöhnte sich mit seinen Eltern und begann langsam in der Gemeinde Fuß zu fassen. Während dieser Zeit gebar seine Frau das zweite Kind und Harald M. fand bei seinem aktuellen Arbeitgeber eine Anstellung. Doch dieser positive Lebensweg hatte auch Schattenseiten.

F: *Wie war das weitere Verhältnis zur Familie?*
A: *Zu den Eltern gut, zu den Geschwistern schlecht. Die sind neidisch, weil Vater mir den Hof übergeben hat. Vor allem mein älterer Bruder, bei dem ich einige Jahre gelebt habe, kann es nicht verstehen. Jeder hat Geld von mir bekommen. Die sollen zufrieden damit sein und Ruhe geben. Zu den Geschwistern habe ich kaum Kontakt. Unsere Kinder spielen bei Familienfeiern oft gemeinsam, aber da ist meine Frau dabei. Ich habe keine Zeit dafür.*

Nachdem der persönliche Werdegang des Harald M. abgearbeitet worden war, begannen wir ihn nach seiner Meinung zur stattgefundenen Hausdurchsuchung zu fragen. Bevor er antwortete, lehnte er sich am Stuhl sitzend zurück und verschränkte seine Arme.

A: *Also, ihr hättet es schon unauffälliger machen können. Ich habe ja in der Arbeit nichts versteckt. Wenn ich jetzt den Job verliere, wegen dem, wo soll ich dann arbeiten? Ihr stellt euch das alles so einfach vor. Ein wenig mehr Fingerspitzengefühl hätte ich mir da schon erwartet.*

Gerade bei solchen Antworten wundere ich mich jedes Mal, was sich die Täter wohl dabei denken. Kriminalbeamte melden sich nicht vorher an und vereinbaren Termine, wie das zum Beispiel in der Privatwirtschaft üblich ist. Ich ließ mich nicht weiter auf die Diskussion ein.

F: *Sie sind meiner Frage ausgewichen. Was sagen Sie zu den Vorwürfen?*
A: *Ich will zuerst die Dateien sehen. Um was geht es hier eigentlich?*

Ich nahm meinen Ordner und blätterte mehrere Seiten durch, bis ich auf die Missbrauchsabbildungen kam. Ich drehte die Mappe zu ihm um und zeigte ihm die Bilder. Der Beschuldigte beugte sich darüber und sah sich die sadistischen Bilder an.
Ich ergänzte die Akteneinsicht mit den Worten: „*Man muss schon sagen, dass diese Fotos sehr ekelhaft sind und einen extremen Sadismus zeigen. Da werden Kinder sexuell missbraucht und brutal gequält.*"

M. schob die Mappe zu mir zurück und zuckte mit den Schultern. „*Diese Fotos habe ich noch nie gesehen. Die können nicht von mir sein oder von mir hochgeladen worden sein.*"
F: *Und warum lautet die IP-Adresse auf die Firma, in der Sie arbeiten?*
A: *Wissen Sie, wie viele Menschen in meiner Firma arbeiten? Suchen Sie den richtigen Täter und quälen Sie mich nicht damit!*

Auf diesen Vorwurf war ich vorbereitet und blätterte ein paar Seiten in meiner Mappe durch. Ich nahm eine Seite mit den Uploaddaten heraus und eine Seite mit den Arbeitsaufzeichnungen von M. im Tatzeitraum.

F: *Wie Sie erkennen, gibt es eindeutige Überschneidungen mit den Arbeitszeiten und dem Datum, an dem die Missbrauchsabbildungen hochgeladen wurden. Was sagen Sie dazu?*

Ohne sich wirklich die Daten anzusehen, äußerte sich M. sehr knapp: *„Da sind andere Leute im Büro. Sicher nicht nur ich."*

F: *Was haben Sie am 24.12. gemacht?*
A: *An Weihnachten? Was glauben Sie? Da werde ich zu Hause gewesen sein. Nachdem ich kein Handy mehr habe, kann ich nicht im Kalender nachsehen.*
F: *Ich helfe Ihnen ein wenig auf die Sprünge. Dank Ihrer Personalabteilung wissen wir, dass Sie am 24.12. von einer Dienstreise zurückgekommen sind. So wie es üblich ist, dürften Sie die anschließende Dokumentation noch fertiggemacht haben, zumindest steht das auf Ihrem abgegebenen Bericht. Konkret werfe ich Ihnen vor, dass Sie auch etwas außerhalb Ihrer eigentlichen Beschäftigung gemacht haben, nämlich pornografische Darstellungen Minderjähriger und Unmündiger hochgeladen zu haben. Das haben Sie mittels Ihres Discord-Accounts „kleinHLD" gemacht. Ich gehe davon aus, dass „hld" eine Abkürzung von „Harald", also Ihrem Vornamen ist. Was sagen Sie dazu?*

Während ich den Beschuldigten mit den Vorwürfen konfrontierte, beobachtete ich ihn sehr genau. Auch meinem Chef fiel die Wesensänderung auf. Vom trotzigen, fast schon ausweichenden Verhalten bewegte sich Harald M. nach vor, schüttelte oft den Kopf und hatte am Ende meiner Frage Tränen in den Augen. Genau dieser Moment entscheidet, ob jemand tatsächlich auspackt oder weiter mauert und den Unwissenden mimt.

Mein Chef und ich warteten auf seine Antwort. M. holte tief Luft, zog die Nase nach oben und nahm einen Schluck Wasser. Als er das Wasserglas abstellte, begann er seine Ausführungen. Eines vorweg, diese waren nicht nur für mich unglaublich, sondern auch für meinen erfahrenen Chef. Man könnte seine Antwort als neue Seite in Bezug auf Online-Kindesmissbrauch bezeichnen.

A: *Mir ist sonnenklar, dass ich wirklich krank bin. Ich weiß das, aber ich rede mir immer ein, dass ich ohne Therapie weiterkomme. Ich war sogar schon einmal bei einer Gruppentherapie. Der Therapeut, der mir zugewiesen wurde, kam aus dem Nachbarort. Der kannte meinen Bruder und natürlich mich auch. Wir sind ja alle sehr regional vernetzt. Da habe ich mich nicht mehr getraut, über meine sexuellen Fantasien zu sprechen, sondern habe über den Druck in der Arbeit gesprochen. Nach dieser Sitzung bin ich nie wieder hingegangen.*

F: *Warum sind Sie nicht mehr hingegangen?*

A: *Habe ich schon gesagt, den Berater habe ich gekannt. So jemandem kann ich nichts erzählen. Ich habe mir dann selber vorgenommen, diese Sache in den Griff zu bekommen.*

F: *Wie ist Ihnen das gelungen?*

A: *Wie Sie ja erkennen können, gar nicht. Ich wusste auch nicht weiter. Es kam dann die Arbeit dazu und die Familie. Es wurde mir alles zu viel. Dann war da die Sache mit dem Bürgermeisterwahlkampf. Da habe ich komplett die Kontrolle über mein Sexualleben verloren. Das ging sogar so weit, dass ich mich alle paar Stunden selbstbefriedigen musste, weil ich so einen innerlichen Druck hatte.*

F: *Herr M., wie würden Sie Ihr Sexualleben beschreiben?*

A: *Ich habe schon mit 18 Jahren gewusst, dass ich nicht die Interessen habe wie andere gleichaltrige Burschen. Frauen haben mich schon interessiert, aber nur für Sex. Harten Sex. Also keine Gewalt, aber schon so Sadomaso oder mit Würgen. Da findet man nicht so viele, die das auch gerne machen. Das hat mich schon immer gereizt und ich habe später im Internet danach gesucht. Ich bin dann auf die Kinderpornos gekommen. Am Anfang habe ich*

die weggeklickt, aber dann haben mich die Fesselsorten und das
Quälen der Kinder richtig angemacht. Je mehr Stress ich hatte,
desto extremer haben die Videos und Fotos sein müssen.

Der Beschuldigte spulte die Aussage fast reaktionslos herunter, ohne irgendeine Art von Reue oder Trauer, geschweige denn Scham, zu zeigen. Für ihn war es eine Geschichte, wie jede andere.

F: *Wie ist das Verhältnis zu Ihrer Frau?*
A: *Wir gehen schon länger getrennte Wege. Ich habe vor ca. einem*
Jahr über Scheidung nachgedacht. Die will ich jetzt auch durch-
ziehen. Es wird mir jetzt auch nichts anderes mehr übrigbleiben.
Eigentlich wollte ich schon nach der Geburt unseres zweiten Kin-
des die Scheidung einreichen. Die Vater-Mutter-Kinder Situation
gefällt mir einfach nicht. Den letzten Sex hatten wir vor einem
halben Jahr. Da hatte ich Geburtstag und war betrunken. Sie war
so „gnädig" und hat sich das Lederoutfit angezogen, das ich ihr
vor zwei Jahren gekauft habe. Da wurde ich dann geil. Aber an-
sonsten turnt sie mich gar nicht mehr an. Sie hat auch so zuge-
nommen und macht keinen Sport mehr. Das habe ich ihr gesagt,
aber sie hat mich beschimpft und mir vorgeworfen, dass ich sie
dränge. Auf so eine Frau habe ich keine Lust mehr.
F: *Warum sind Sie dann über zehn Jahre mit ihr verheiratet?*
A: *Das habe ich mir von meinen Eltern einreden lassen. Das erste Kind*
wollte ich schon gar nicht, aber es ist halt so passiert. Irgendwie
glaube ich, dass sie mir das Kind unterjubeln wollte, damit sie fi-
nanziell besser aussteigt. Schließlich haben meine Eltern in ihrer
Gegenwart gesagt, dass sie uns mit Geld unterstützen, wenn Kin-
der da sind. Es ist einfach anstrengend mit ihr. Sie soll die Kinder
auch gleich mitnehmen. Die nerven mich auch nur und brauchen
dauernd irgendetwas.

Als M. über die mangelnde Liebe zu seinen Kindern sprach, dachte ich zeitgleich an die Facebookfotos von ihm, die ihn bei gemeinsamen Ausflügen mit seinen Kindern zeigten. Auch die zahllosen Familienfotos, auf denen Harald M. lachend mit seiner

Frau und den Kindern posierte. Ich fragte mich, ob das alles Fassade ist oder ob M. aus purem Frust derartige Worte wählte.

F: *Wie läuft sonst die Beziehung zwischen Ihnen und Ihrer Frau?*
A: *Ich habe es vielleicht schon vorher angesprochen, aber da kann*
   man schon lange nicht mehr von Beziehung sprechen. Das Ver-
   liebt-Sein habe ich nie so wirklich mit ihr gehabt. Das liegt aber
   vielleicht generell an meiner Art, da kann meine Frau nichts dafür.
   Sie sagt immer, dass ich ihr gegenüber so kühl und abwesend bin,
   aber innerhalb der Gemeinde ganz anders bin. Da bin ich fröh-
   lich und herzlich, aber ich sage Ihnen, dass das alles Fassade ist.
   Ich habe schon lange auf alles keine Lust mehr. Was ich verges-
   sen habe, meine Frau schläft schon seit einiger Zeit im Thera-
   pieraum. Immer dann, wenn die Kinder schlafen, geht sie dort-
   hin und bleibt auch dort. Sie fragen sich vielleicht, wie jemand
   wie ich dann solange mit jemandem beisammen sein kann? Das
   weiß ich auch nicht. Aber eigentlich hatte ich nur sexuelles Inte-
   resse an ihr. Sie hat zu Beginn der Beziehung gerne mal spontan
   Sex mit mir gehabt. Das hat Spaß gemacht, aber das will sie ja
   nicht mehr. Ohne geilen Sex will ich sie nicht. So einfach ist das.
F: *Wie holen Sie sich sexuelle Befriedigung dann?*

M. blickte meinen Chef und mich ein wenig fragend an. Nach einigen guten und flüssigen Sätzen, die nicht voller Trotz waren, stammelte er irgendetwas vor sich her und antwortete ausweichend. Meinem Kollegen fiel das Ausweichmanöver sofort auf und sprach M. direkt an: *„Ich merke ja, dass Sie etwas bedrückt, und das tut es schon sehr lange. Wenn man etwas ausspricht, dann geht es leichter und Sie sind dann befreiter.“*

M. richtete sich auf dem Stuhl auf und schaute aus dem Fenster. Es war ein wunderschöner, sonniger Tag. Man konnte vom Fenster aus die grünen Hügel sehen und vereinzelte Obstbäume, die gerade in Vollblüte standen. Beim offenen Fenster hörte ich die Vögel zwitschern. Es war fast ein wenig ein idyllisches Ambiente, wäre die aktuelle Sache nicht so ernst. Kurzzeitig dachte ich an meine frühere Arbeit zurück. Das Büro, in das wir saßen, erinnerte mich an meine früheren Besprechungen, an denen ich vor meiner Zeit bei der Sondergruppe des Kriminaldienstes teilgenommen habe. Das laute Räuspern des Beschuldigten holte mich wieder in das Hier und Jetzt zurück.

A: *Ich weiß, auf was Sie hinauswollen. Das Ganze geht noch nicht so lange, aber ich habe mich einfach in die 11-jährige Anna verguckt.*

Mein Chef und ich hielten kurz inne. Ich dachte mir in dem Moment, ob der Beschuldigte einen aktuellen Missbrauch nun selbst zur Anzeige bringen wollte.

A: *Gleich vorweg, ich habe kein Kind oder eben Anna angerührt. Sie ist die Tochter meines Arbeitskollegen, der auch im selben Ort wohnt, wie ich eben. Sie hat blonde lange Haare, schöne dunkelblaue Augen und ist wirklich offen.*
F: *Herr M., was hat das Ganze jetzt mit der Situation zu tun?*
A: *Seitdem sie mir beim Besuch meines Kollegen gesagt hat, dass ich für sie ein schöner Mann sei, habe ich mich irgendwie verliebt in sie. Das war zu einer Zeit, als mein jüngstes Kind gerade einmal auf der Welt war und ich es zu Hause nicht mehr ausgehalten habe. Mich hat die Aussage von Anna dermaßen erregt, dass ich, das klingt vielleicht jetzt seltsam, mich in die Toilette verzogen habe und mich „erleichterte".*

Der Beschuldigte grinste uns während seiner Ausführung an. Gleichzeitig lief es mir kalt den Rücken herunter. Wenn alleine diese Sätze eines Kindes derartige Reaktionen bei einem erwachsenen Mann auslösen, dann besteht ein ernsthaftes Sicherheitsproblem.

F: *Was war dann nach dieser Situation?*
A: *Anna war das erste Mal eine Person, die mich ins Herz getroffen hat. Ich war an diesem Tag wirklich schlecht drauf. Ich habe an diesem Tag meinem Kollegen gesagt, dass ich mich vielleicht von meiner Frau trennen möchte. Ich habe in meinem ganzen Leben*

keine Liebe verspürt. Auch meine Eltern haben mich, im Nachhin-
ein, nur ausgenutzt. Mir ist ja bewusst, dass ich nur deswegen das
Haus habe, damit sie eine billige Altersbetreuung bekommen. Und
wenn ich an meine Arbeitskollegen oder Gemeindebürger denke,
das ganze Einschleimen interessiert mich ja absolut gar nicht mehr
und damals war es ganz schlimm. Doch Anna hat mir Kraft gege-
ben und mir das Gefühl gegeben, dass ich nicht ganz wertlos bin.

F: *Wie oft haben Sie sie danach wiedergesehen?*

A: *Kein einziges Mal mehr, da sie uns nicht mehr besucht haben. Au-*
ßerdem kommt die Familie inklusive Anna zu keiner Veranstaltung.

F: *Haben Sie versucht, Kontakt zu Anna aufzubauen?*

A: *Am Anfang habe ich sie auf Snapchat und TikTok gesucht, aber leider*
nicht gefunden. Ich habe mich aber danach geschämt, weil ich dann
gar nicht mehr wusste, warum ich nach ihrem Profil gesucht habe.

F: *Was ist dann passiert?*

A: *Nachdem Sie meine Mobilgeräte sichergestellt haben, werden Sie*
sowieso herausfinden, dass ich eine Online-Affäre habe. Auf dem
Privathandy habe ich sie als „Marlene" eingespeichert. Die Fotos
und Videos von ihr sind im Geheimordner. Den Code habe ich Ih-
rer Kollegin bereits gesagt.

F: *Wie alt ist Marlene und wie haben Sie sie kennengelernt?*

M. musste kurz lachen, was mich in der Situation ein bisschen
verwirrte. Nachdem er von einer 11-Jährigen geschwärmt hatte, wäre es für mich nicht verwunderlich gewesen, dass er wieder so eine Sache erzählt.

A: *Keine Sorge, sie ist Mitte 30 und aus Wien. Ich habe sie auf Face-*
book kennengelernt, aber nur geschrieben. Sie wollte mich schon
ein paar Mal besuchen, aber ich lehnte das ab. Bevor Sie etwas
fragen, Marlene wusste, dass ich noch verheiratet bin und zwei
Kinder habe. Ihr war das egal, sie wollte meine Familie sogar ken-
nenlernen, aber das war für mich doch ein wenig schräg.

F: *Hat Marlene Kinder?*

A: *Ja, eine Tochter. Sie heißt Fiona und ist sieben Jahre alt. Und nein,*
ich habe zu ihr keinen Kontakt, ich habe nie mit ihr geschrieben

oder Fotos von ihr erhalten. Nur Marlene hat mir Fotos von sich geschickt.

F: Herr M., glauben Sie, dass Sie pädophil sind?

A: Ja, natürlich bin ich das. Alles andere wäre gelogen. Sie denken, ich bin krank, aber eines sage ich Ihnen, dumm bin ich nicht. Ich weiß auch, dass ich meine Tätigkeit in der Gemeinde zurücklegen muss, da ich mit dem Druck nicht mehr zusammenkomme. Mit weniger Druck bekomme ich das Problem selber in den Griff.

F: Warum wollen Sie keine professionelle Hilfe annehmen?

A: Wozu brauche ich das? Ja, ich habe bereits mit Pädophilen aus Deutschland und der Schweiz geschrieben. Die haben mir gesagt, dass Hilfe nichts bringt. Sie haben Medikamente verschrieben bekommen, die sie zu Zombies gemacht haben. Nein danke, das brauche ich wirklich nicht.

F: Und was wäre mit einer Männerberatung oder anderen Möglichkeiten?

A: Diese Quacksalber? Ich habe mit der Hotline telefoniert, als ich ja wegen einem Therapeuten gesucht habe. Da hat mir niemand geholfen. Wenn man pädophil ist, dann wird man alleine gelassen. Schizophrene oder Depressive oder andere Geisteskranke bekommen immer Hilfe, aber wer möchte einem helfen, von dem man weiß, dass er kleine Kinder geil findet? Niemand. Also brauche ich keine Hilfe. Das Einzige, was mir hilft ist, dass ich mir Fotos und Videos anschaue und mich selbstbefriedige. Dann ist die Lust darauf fürs Erste vorbei. Das ist wie bei einer Drogensucht. Man weiß, es ist verboten, aber man tut es trotzdem, weil es einem danach bessergeht. Aber nur für kurze Zeit, dann braucht man wieder seine Dosis.

F: Wie hoch schätzen Sie die Chance ein, dass Sie einen Schritt weitergehen und einem Kind auch körperlich nahekommen?

A: Derzeit nicht sehr hoch. Ich habe bis dato auch noch nie ein Kind angegriffen oder hatte so etwas geplant. Aber ich muss eben in meinem Leben viel umstellen.

F: Also keine Therapie?

A: Nein, ehrlichgesagt halte ich nicht viel davon. Mir hilft das nicht weiter.

F: *Wie viele Dateien werden wir auf den sichergestellten Datenträgern finden, die als CSAM (= Child Sexual Abuse Material) eingestuft werden können?*

A: *Nicht viele, vielleicht so 100. Recht viel mehr sind es nicht.*

F: *Wollen Sie zum Abschluss noch etwas sagen, was wir noch nicht besprochen haben?*

A: *Mir tut das alles sehr leid, vor allem für mich selber. Ich hätte früher damit Schluss machen müssen, aber der berufliche und private Stress hat das Gegenteil verursacht. Ab heute ist alles anders.*

Der Abschluss

Nach Beendigung der Vernehmung atmete der Beschuldigte Harald M. einmal kräftig durch und bat mich um ein Vier-Augen-Gespräch, während er eine Zigarette rauchte. Obwohl ich anfangs zögerte, hörte ich mir seine Ausführungen an.

M. teilte mir mit, dass er noch nie in seinem Leben über seine Gefühle oder sein Sexualleben gesprochen hatte. Er habe bis zur Vernehmung alles für sich behalten und niemand habe über seine Vorlieben Bescheid gewusst. Nun fühle er sich befreit und er gehe davon aus, dass es nun bergauf gehe.

Obwohl ein Kriminalbeamter kein Psychiater oder Psychotherapeut ist, passiert es doch, dass man zu gewissen Aussagen tendiert und sich entsprechend zum Sachverhalt äußert. So auch bei mir beim Gespräch mit M. Ich konnte die Beteuerungen des Beschuldigten während der gesamten Amtshandlung nicht mehr hören. Zu eindeutig waren die Beweise und zu offensichtlich war sein Agieren bei der Beschuldigtenvernehmung. Auch die mehrmalige Ablehnung einer professionellen Hilfe war für mich wenig glaubwürdig. In diesem Gespräch habe ich M. einmal mehr darauf aufmerksam gemacht, dass eine mögliche Pädophilie ohne fremde Hilfe nicht unter Kontrolle zu bringen sei. Männer, die das behaupten, leugnen weiterhin das Problem bzw. die Krankheit. Erfahrungsgemäß kehrt nach dem ersten

Schreck die Lust relativ rasch retour, erneut strafbare Handlungen zu setzen und Online-Kindesmissbrauch zu konsumieren. Vergleichbar mit einem Kleptomanen, der unzählige Male von der Polizei gestellt wurde und schlimmstenfalls mehrmals in der Justizanstalt einsaß. Ohne psychologische Unterstützung wird dieser sein Verhalten auf Dauer nicht einstellen bzw. ändern können. Sobald er die Polizeistation oder das Gefängnis verlässt, geht dieser erneut in ein Geschäft und stiehlt etwas. Warum diese Sucht, trotz Unterschieden in der Ausführung, ohne Profi nicht einfach verschwindet, ist simpel beantwortet: Sie befriedigt die Lust und seine Bedürfnisse. Bei sexuellen Präferenzstörungen verhält es sich in manchen Dingen ähnlich. Nur weil beispielsweise M. von den Ermittlungsbehörden erwischt wurde, bedeutet das nicht, dass er seine Lust am Online-Kindesmissbrauch automatisch verliert. Sexuelle Präferenzen sitzen, laut den Sexualforschern, tief im Gehirn. Sie gehören u. a. zu den Urinstinkten. Jeder kennt es – Essen – Schlafen – Fortpflanzung. Sofern alle drei Instinkte befriedigt werden, sind die meisten Menschen glücklich. Was ist aber, wenn eines dieser Gelüste aus der Balance ist und nicht auf legalem Wege gelindert werden kann. Es passieren Dinge, die einem selber oder einem anderen Menschen dann wehtun. Dann ist es mit Sicherheit wünschenswert und für den Beschuldigten auch hilfreich, sich Hilfe von außen zu holen, von einem Profi.

Bis zu dem Zeitpunkt des Vier-Augen-Gesprächs zwischen M. und mir wusste ich noch nicht, was sich auf den sichergestellten Datenträgern befand. Als die ersten Auswertungen abgeschlossen waren, erschauderten alle Kriminalbeamte bei den Sexualdelikten sehr. Bei der Anzahl der vom Beschuldigten geschätzten Dateien, die sexuellen Missbrauch an Kindern zeigten, lag er falsch.

Eine kurze Zusammenfassung der strafrechtlich relevanten Dateien:
– 14.150 Bilder mit Missbrauchsabbildungen von Kindern
– 1.800 Videos, u. a. mit Folterungen und Verstümmelungen an Kindern

– 11 grafische Fotostrecken mit Kommentaren, umgangssprachlich Comics, welche den brutalsten sexuellen Missbrauch an
Kindern darstellten.

Darüber hinaus stellten die Kollegen der IT-Forensik fest, dass
M. an einem Online-Spiel teilnahm, das eine pädophile Paral-
lelwelt abbildete. Gegen eine Bezahlung war es möglich, virtuell
Kinder und Jugendliche sexuell zu missbrauchen und zu foltern.
Das „Computerspiel" sah realitätsnah aus und auch die Inter-
aktionen waren angepasst an das „echte" Leben.

Auch für erfahrene Beamte war der Anblick dieser grauen-
haften Dateien nur schwer zu ertragen. Für mich war bzw. ist
es bis heute schwer vorstellbar, dass M. ohne jegliche Therapie
diese sexuelle Präferenzstörung in den Griff bekommt.

Qualifizierend für das Strafrechtsdelikt kommt hinzu, dass
M. die Dateien fleißig im Internet an andere Pädophile weitergeschickt hatte. Er hat auch mehrmals mit Gleichgesinnten über
diverse Fantasien in Verbindung mit unmündigen Mädchen gesprochen. Es war zum Teil schauderhaft, was der Beschuldigte
diesbezüglich mit den anderen Männern schrieb.

Bezugnehmend auf die von M. in der Vernehmung erwähnte
„Online-Affäre" mit Marlene stellte sich heraus, dass es diese Per-
son wirklich gab und sie auch dem angegebenen Alter entsprach.
Tatsächlich war es doch eher als reguläre, denn als „Online-Af-
färe" zu werten, da beide sich nachweisbar mehrmals, vorzugs-
weise im Gemeindeamt, trafen. Auch bei Geschäftsreisen von
M. traf er Marlene mehrmals. Während M.s Frau mit den Kin-
dern alleine war, verbrachte er einen Wellness-Aufenthalt mit
Marlene in Tschechien. Interessanterweise war das Kind der
Affäre jedoch nie ein Thema in den Chats zwischen den beiden.

Zusammengefasst hat M. sämtliche Vorwürfe zuerst bestrit-
ten, dann abgeschwächt oder verharmlost oder sogar gelogen.

Nach Beendigung dieses Falles war das gesamte Ermittlerteam froh, keinerlei weitere Beteuerungen der Selbstheilung
mehr hören zu müssen.

Langsam neigte sich der Sommer dem Ende entgegen und der Herbst kam in schnellen Zügen. Genauso rasch wie sich die Änderung der Jahreszeiten vollzog, kamen auch neue GesprächsparterInnen für mein Buch, wobei einer dieser Fälle besonders hervorstach.

Es ist der Fall des Samuel S., welcher selber jahrelang den sexuellen Missbrauch seines Vaters an seiner Schwester mitbekam und dabei auch zusehen musste. Nun rückte auch dieser S. in das Visier der ErmittlerInnen, wobei das wahre Ausmaß zu Beginn noch gar nicht gefassen werden konnte. Die Hauptermittlerin sprach über Datenmengen, die schier unendlich groß waren und jegliche Vorstellungen sprengten.

DER FALL SAMUEL S.

Das Bankgeheimnis

In diesem Kapitel konnte ich mit der Hauptermittlerin über diesen Fall sprechen. Auf Verlangen des Täters schilderte auch er mir gegenüber seine Sicht der Dinge. Der folgende Fall wird aus Sicht der Ermittlerin beschrieben.

Entgegen der landläufigen Meinung, dass der Besitz und das Verbreiten pornografischer Darstellung Minderjähriger klassisch persönlich auf einer Polizeidienststelle angezeigt wird, arbeiten das Bundeskriminalamt und in weiterer Folge die Landeskriminalämter vermehrt mit internationalen Partnern zusammen. Die bekannteste Institution ist dabei Interpol, welche jedoch grundsätzlich ein Verein ist mit dem Ziel, die internationale polizeiliche Vernetzung und Zusammenarbeit zu stärken. Interpol ist daher keine internationale Polizeibehörde. In Europa gibt es jedoch, aber eine supranationale Einheit mit dem Namen „Europol" mit Sitz im niederländischen Den Haag. Sie hat nichts mit Interpol gemein. Generelle Aufgabe ist die Koordinierung der Bekämpfung der grenzüberschreitenden organisierten Kriminalität (= OK) unter den nationalen Polizeibehörden in Europa. Ein Arbeitsbereich von Europol ist die Bekämpfung der Kinderpornografie. Daher sind Interpol, Europol, NCMEC und die privaten Anzeiger auf den Dienststellen die wichtigsten Melder derartiger illegaler Vorgänge im Bereich des Online-Kindesmissbrauchs im deutschsprachigen Raum.

Diese ganzen Bausteine sind deswegen wichtig für unsere Arbeit gegen den sexuellen Missbrauch an Minderjährigen, da die Abbildungen dieser Handlungen zumeist kostenlos sind. Bilder und Videos sind folgedessen großteils frei verfügbar.

Verglichen mit dem Kauf illegaler Drogen macht es die Bekämpfung dieser Materie umso schwieriger, da es oft keine finanziellen Schäden gibt.

Daher erstaunte es mich umso mehr, als an einem kühlen Herbsttag eine Meldung des Bundeskriminalamtes bei uns aufschlug. Der Inhalt der Nachricht war für uns alle sehr neu, da der anonyme Anzeiger ein Mitarbeiter einer georgischen Online-Bank war. Er schickte aufgrund der internen Compliance-Regeln zuerst eine Sachverhaltsdarstellung an die georgischen Behörden. Diese übersahen augenscheinlich zuerst die Nachricht, wodurch der Bankmitarbeiter sehr nervös wurde. In weiterer Folge erfolgte eine Informationsbrücke von Georgien aus, über die USA, in die EU mit der Bitte um Unterstützung. Konkret wurde gemeldet, dass mehrere Überweisungen von einem europäischen Konto auf georgische Konten erfolgten, welche dann weiter nach Kasachstan überwiesen wurden. Der kasachische Empfänger war eine einschlägig bekannte Firma innerhalb der ehemaligen Sowjetunion, die Großanbieter von pornografischen Darstellungen Minderjähriger und Unmündiger war. Man konnte sich quasi die Missbrauchsabbildungen wünschen und diese wurden, gegen entsprechende Bezahlung, auch geliefert. Die Vorgehensweise war generell immer gleich. Die bei der Überweisung angegebene Zahlungsreferenz diente als Code auf einer Plattform, auf der die Medien für den Kunden gespeichert waren. Der Kunde hatte eine Woche Zeit, die Bilder und Videos einzusehen und zu speichern. Mittels dieser Methode war es auch möglich, Minderjährige wie Sklaven käuflich zu erwerben und in einem Staat in Zentralasien für die gebuchte Zeit sexuell zu missbrauchen. Für eine Sexreise musste man durchschnittlich ca. € 2.000,-- zahlen, inklusive Flug und Hotel. Für das Doppelte konnte man die Einreise sogar anonym durchführen.

Europol alarmierte also nach Einlangen des Hinweises das Bundeskriminalamt. Die nationalen Behörden versuchten zuerst einmal, die Kontonummer einer Person zuzuordnen. Aufgrund des IBAN konnte schon einmal festgestellt werden, dass es sich um eine Bank im deutschsprachigen Raum handelte. Doch bei den Ermittlungen gab es Hindernisse, das hiesige Bankgeheimnis.

Obwohl der anonyme Anzeiger sehr detailliert die Vorgehensweise und Gegebenheiten schilderte, konnte nicht ausgeschlossen werden, dass eventuell alles vorgetäuscht wurde, um einem ausländischen Geheimdienst unbewusst Informationen zum Kontoinhaber zu liefern. Zentralasiatische Länder sind zumeist autoritäre Staaten, die Regimekritiker überall ausspionieren wollen.

Nach interner rechtlicher Abklärung wurde ein entsprechender Anlassbericht an die ortszuständige Staatsanwaltschaft übermittelt, welche die Anordnung zur Kontoauskunft ohne Beanstandungen erteilte.

Einige Wochen später erfolgte die Auskunft und es betraf einen Kontoinhaber, der in der Nähe meiner Dienststelle wohnhaft war. Der Akt wurde also an diesem kühlen Herbsttag an uns übermittelt. Relativ schnell konnten die Echtdaten des Beschuldigten ausgeforscht werden. Es handelte sich um den 51-jährigen Samuel S. aus einer großen Stadt im Landkreis. Er ist auf den sozialen Medien kaum unterwegs. Beschäftigt war er als Angestellter in einer IT-Firma, wobei nicht klar war, was seine Aufgaben genau waren.

Die internen Datenbanken ergaben, dass der Mann seit seiner Geburt bei seiner Mutterim Haus lebt. Er hat drei Geschwister, welche aber altersgerecht ausgezogen waren. Einschlägig vorbestraft war er auch nicht. Somit war er bis zu diesem Zeitpunkt noch nie polizeilich in Erscheinung getreten. Ein offensichtlich unscheinbarer Mann, der eben bei seiner Mutter lebte und online nicht aktiv war.

Der Sachverständige und das Darknet

Ermittlungen in Verbindung mit dem Darknet oder mit Beschuldigten, die bei einer IT-Firma arbeiten, erfordern eine gewisse Expertise bei der Sicherstellung. Es kommt nicht selten vor, dass die Tatverdächtigen die relevanten IT-Datenträger derartig manipulieren, dass sämtliche Daten gelöscht werden. Auch der Schutz diverser Festplatten, Clouds oder mobiler Speicherkomponenten durch mehrere Passwortebenen führt zu einer unmöglichen Sicherung der illegalen Daten. In diesen Fällen gibt es für Ermittler die Möglichkeit, gerichtlich beeidete Sachverständige hinzuzuziehen. Diese müssen direkt vom Gericht bestellt werden, da die Auswertungen durchaus € 30.000,-- und darüber kosten können.

Im Fall Samuel S. waren zwei Komponenten ausschlaggebend für die Bestellung des Sachverständigen. Einerseits die Arbeit des Beschuldigten in einer IT-Firma und andererseits die Verbindungen nach Georgien bzw. Kasachstan, die oftmals auch mit dem Darknet in Verbindung stehen.

Doch eines vorweg, der reine Besitz eines Browsers mit dem man ins Darknet kommt, ist per se nicht verboten. In Verbindung mit dem Online-Kindesmissbrauch spielt das Darknet eine besondere Rolle.

Bevor Google, Yahoo, Facebook und Co. verbotene Inhalte strenger überwachten und regulierten, war es durchaus möglich, problemlos auf eine Homepage mit Missbrauchsabbildungen Minderjähriger zu gelangen. Das funktionierte genauso einfach, wie es heute mit den regulären Pornoseiten funktioniert. Darüber hinaus war es genauso einfach, ein Monats- oder Jahresabo mit Kreditkarte abzuschließen. Dafür bekam man unbegrenzten Zugang in die Missbrauchswelt von Kindern und Jugendlichen.

Nachdem nun also mehr reglementiert wurde, verlagerten viele Anbieter illegaler Inhalte ihr Angebot in das Darknet, wo die Bezahlung nicht mehr per Kreditkarte durchgeführt wurde, sondern zumeist mit Kryptowährungen.

Bei Samuel S. hatte auch ich den Verdacht, dass er im Zuge der beschriebenen Wege zu dem verbotenen Material kam, zumal er den Umweg über Georgien und Kasachstan nahm. Eine mögliche Attacke von Hackern war unwahrscheinlich, da S. die Überweisungen über einen längeren Zeitraum durchführte und ihm das ansonsten sicher aufgefallen wäre.

Ein gerichtlich beeideter Sachverständiger kann also eine wesentliche Unterstützung für die Ermittler sein, von Beginn der Hausdurchsuchung an bis zur Erstellung des Auswerteberichtes.

Bevor die Hausdurchsuchung durchgeführt wurde, hielt ich mit dem mir zugewiesenen Sachverständigen noch Rücksprache. Von der Staatsanwaltschaft erhielt er im Vorfeld die Anordnung und somit seine Legitimation für den Einsatz. Somit war er bereits informiert, als ich ihn an einem schneereichen Spätherbstnachmittag telefonisch kontaktierte.

SV: *Sehr gut, dass du mich anrufst, ich bin bei meinen Recherchen schon auf etwas Interessantes gestoßen.*

Ich war neugierig und ließ ihn weitererzählen.

SV: *Unser Mann ist online zwar nicht so präsent, aber wenn man tiefer gräbt, dann ist er doch nicht so zurückhaltend wie man glaubt. Wenn man alle mit ihm in Verbindung stehenden E-Mail-Adressen nachverfolgt, dann findet man einen grafisch schlecht erstellten Blog mit dem Thema „Pornografie im sogenannten Darknet". Beim Durchlesen des Inhalts steht dann nicht wirklich was Einschlägiges drinnen. Es ist einfach nur ein Mix aus eigener Meinung und kopierten Medienartikeln. Was aber weiter durchaus interessant ist, ist sein Online-Shop, der so gar nicht zu dem Blog passt. Er verkauft dort gebrauchte Lego-Bausätze zu günstigen Preisen. Die Fotos zeigen, dass die Verpackung wie neu aussieht. Er gibt dabei an, dass er diese Sachen wegen seiner Scheidung verkaufen muss. Du hast aber gesagt, dass er ja nicht verheiratet ist und bei seiner Mutter lebt. Auch Kinder hat er ja anscheinend nicht, was für uns ein wichtiger Hinweis sein kann.*

Nachdem sich der Sachverständige verabschiedet hatte, führte ich auf Basis der Lego-Sache eine interne Recherche durch. Bis auf den grafisch katastrophalen Online-Shop fand ich zunächst kaum brauchbare Hinweise und auch keinen sonst plausiblen Grund, warum er Lego verkauft. Ich grub noch tiefer und fragte mich, ob ich bei seiner Biografie vielleicht etwas übersah. Ich dachte sogar nach, ob ich ein Kind von S. schlicht nicht bemerkte. Eine andere Vermutung kam mir auch in den Sinn.

Nicht selten versuchen Pädophile, mit Minderjährigen mithilfe günstiger Artikel Kontakt aufzunehmen. Bis zum Ende des Tages konnte ich keinerlei neue Informationen erarbeiten. Bevor ich jedoch das Büro verließ, übermittelte ich allen Polizeidienststellen, die sich innerhalb des Landkreises oder angrenzend befanden, eine Anfrage mit dem Inhalt, ob dubiose Fälle mit Lego-Bausätzen bekannt waren. Ich machte mir nicht allzu viele Hoffnungen und schaltete das Licht aus. Was mich jedoch am nächsten Tag erwartete, konnte ich am Vortag nicht einmal ansatzweise erahnen.

Der unglaubwürdige Lego-Mann

Bevor ich so richtig in den Arbeitstag startete, las ich mir, wie gewöhnlich, die für unseren Arbeitsbereich eingegangenen E-Mails durch. Ich war gespannt, ob auch Antworten bezüglich meiner „Lego-Bausatz"-Anfrage bereits einlangten. Tatsächlich fand ich im Posteingang eine Nachricht eines jungen Kollegen einer größeren Polizeiinspektion. Interessanterweise befand sich diese Dienststelle an einem Ort, der nicht im Radius des Beschuldigten Samuel S. lag und somit auch gar nicht gezielt angeschrieben worden war. Ich öffnete gespannt die E-Mail und fand folgenden Text:

Lieber Kollege!
Ich habe die Mail deiner Aussendung von einem anderen Kollegen übermittelt bekommen. Er macht Dienst im Nachbarbezirk und hat mir die Sache wegen den Lego-Bausätzen zukommen lassen.
Bei uns im Ort hat es vor einigen Wochen einen Vorfall gegeben, wo nur leider bis jetzt keine Person namhaft gemacht werden konnte.
Konkret fand im Gemeindeamt der alljährliche Flohmarkt statt. Mittlerweile ist dieser bei uns und in der Umgebung ein

Highlight. Ortsintern spricht man dabei schon von einem klei-
nen Volksfest. Jeder, der diesen Flohmarkt kennt, kann seine
Ware ohne vorherige Anmeldung bei uns unkompliziert ver-
kaufen. Einerseits macht das den Flohmarkt so besonders, an-
dererseits werden auch manchmal Dinge verkauft, bei denen
auch wir, die Polizei, Kontrollen durchführen müssen. Spe-
ziell bei Fahrrädern, Parfums oder Handys kann es sich um
Hehlerware (= Ware, die bei einer vorangegangenen Straftat
wissentlich bezogen wurde) handeln. Im Zuge der Kontrolle
wurden wir von einer Mutter gemeinsam mit ihrer achtjäh-
rigen Tochter im Arm angesprochen. Sie gab uns gegenüber
an, dass ein Mann, ca. 180 cm groß, mit hellblonden Haaren
und hoher Stimme, Lego-Artikel verkauft habe. Das allein sei
nicht verboten, aber die Ansprache ihrer Tochter sei eigenartig
gewesen. Ihre Tochter habe sich für einen bestimmten Lego-
Bausatz interessiert und dabei habe der Mann zu ihr gesagt,
dass er die Lego-Steine aus dem Auto holen müsse und sie ihn
begleiten solle. Ihre Tochter habe aber richtig reagiert und das
abgelehnt. Daraufhin habe sie den Mann gefragt, ob sie ein
Handy habe oder auf Snapchat angemeldet sei. Auf Nachfrage,
warum er das wissen wolle, habe er gemeint, dass er ihr wei-
tere Lego-Artikel schicken könne oder ihr sogar liefern könne.
Die Tochter sei aus Angst zu ihrer Mutter gelaufen und habe
ihr alles erzählt. Die Mutter gab weiter an, dass sie gleich da-
nach zum Stand gegangen sei und ihn darauf angesprochen
habe. Er habe ihr gegenüber nur gestammelt, dass er das im-
mer so mache und keine Absichten habe. Nach der Scheidung
habe er die ganzen überflüssigen Lego-Sachen verkaufen wol-
len. Nachdem ihr das unglaubwürdig vorgekommen sei, habe
sie ihn erneut auf die Neugier ihrer Tochter gegenüber ange-
sprochen. Daraufhin habe er wie verrückt die Lego-Verpackun-
gen in eine große Kiste geworfen. Eine dieser Verpackungen
sei ihr dabei entgegengeflogen. Diese habe sie geöffnet und
gleich bemerkt, dass sie leer gewesen sei. Sie habe dann ihre
Tochter bei der Hand genommen und habe zur nächstgelege-
nen Polizeidienststelle gehen wollen.

Auf dem Weg dorthin kamen wir ihr dann entgegen.
Als wir im Anschluss nach dem Mann suchen wollten, war er
schon weg. Auch die benachbarte Standbesitzerin konnte kei-
nerlei Hinweise auf den Mann geben. Ich habe den Verdächti-
gen als „unglaubwürdigen Lego-Mann" bei uns eingespeichert.
Es wäre toll, wenn du uns einen Hinweis geben könntest, wer
dieser Mann ist.
Liebe Grüße

Am Ende der E-Mail lehnte ich mich kurz zurück und ging die wichtigsten Punkte noch einmal gedanklich durch. Für mich bestand kein Zweifel, dass es sich bei dem „unglaubwürdigen Lego-Mann" um Samuel S. handeln könnte. Doch wie rechtlich und natürlich kriminalistisch vorgesehen musste diese Verbindung erst bewiesen werden. Die Personenbeschreibung war zumindest ein guter Ansatz.

Generell gibt es durchaus Zusammenhänge zwischen On-line-Kindesmissbrauch und Kindesansprachen. Diese Handlungen sind klassisch für ein gesteigertes Täterverhalten. Der Täter geht dabei einen Schritt weiter. Oftmals bleiben, bis auf einen großen Schock bei den angesprochenen Kindern, keine weiteren Folgen. Dies basiert vor allem auf der Tatsache, weil die meisten Kinder von ihren Eltern darauf vorbereitet werden. So auch das achtjährige Mädchen auf dem Flohmarkt.

Ich war mir jedoch sicher, dass dieser Täter weitere ähnlich ablaufende Kindesansprachen begangen hatte. Zumindest war die Vorgehensweise mit dem Lego-Spielzeug sehr durchdacht. In mir reifte der Entschluss, dass ich mich für die anstehende Hausdurchsuchung bei Samuel S. noch besser vorbereiten musste. Schließlich war ich mir nicht sicher, ob er bereits andere Taten durchgeführt hatte.

Die neue Tat

In Bezug auf Kindesansprachen unterstützen die jeweiligen Polizeidienststellen und das Bundeskriminalamt die Landeskriminalämter tatkräftig. Anhand der Meldung und genauer Speicherung der Vorfälle können derartige Handlungen kategorisiert und somit geordnet werden. Somit ist es möglich, dass mit wenigen Zwischenschritten ein potenzieller Sexualstraftäter herausgefiltert werden kann. Es kann daher vorkommen, dass der Täter Kinder gezielt auf dem Weg nach Hause anspricht oder dieser körperliche Merkmale hat, die einzigartig sind.

In meinem Fall fragte ich entsprechend intern nach, ob es Kindesansprachen in und um den Bezirk generell gab, die angesprochenen Kinder zwischen sechs und zehn Jahre alt waren und Lego-Spielzeug angeboten wurde.

Die körperlichen Merkmale erwähnte ich bewusst nicht, da S. de facto keinerlei Auffälligkeiten hatte, die mir bekannt waren.

Neben der mir bereits erwähnten Mail vom Kollegen fand ich in meinem Posteingang zwölf weitere Kindesansprachen in Verbindung mit Lego, aber ohne bekannten Täter. Die von mir verschickte E-Mail wurde intern an andere Polizeidienststellen im Bundesland weitergeleitet. Örtlich waren diese Ansprachen nicht einzugrenzen, da es Fälle im ganzen Bundesland gab. Was mich aber noch mehr verwunderte war die Tatsache, dass der letzte Vorfall gerade einmal drei Tage alt war und der Täter ein neunjähriges Mädchen sogar am Arm packte. Diese Eskalationsstufe genügte mir, um die Hausdurchsuchung ehest bald durchzuführen und den Täter mit diesen Vorwürfen zu konfrontieren. Dazu filterte ich sämtliche Informationen aus den Nachrichten meiner Kollegen heraus und baute sie in meinen Fragenkatalog für die Beschuldigtenvernehmung ein.

An einem Donnerstagmorgen fand die Einsatzbesprechung im Büro eines Kollegen statt statt, bei der auch der Sachverständige dabei war. Aufgrund der Anfahrt und der Ungewissheit, ob S. an diesem Tag in der Arbeit war, teilten wir uns entsprechend auf. Mein Team fuhr mit dem Sachverständigen zuerst zur Arbeitsadresse. Internen Recherchen zufolge arbeitete der Beschuldigte bereits mehrere Jahre in einer Firma. Die genaue Tätigkeit konnten wir aber bis zum Schluss nicht feststellen.

Nach einer etwas längeren Fahrt standen wir vor dem Firmengebäude. Obwohl das Objekt nicht sonderlich hoch war, war das Gelände sehr weitläufig. Mit meinen Kollegen ging ich zum Empfang und fragte nach Samuel S. Sofern es sich vermeiden lässt, wird der Grund unseres „Besuchs" nicht dezidiert angegeben. Einige Telefonate später bat uns die Empfangsdame in einen Konferenzraum, mit der Begründung, dass Samuels S.' Abteilungsleiter mit uns sprechen wolle. Wir waren verwundert, jedoch warteten wir sein Eintreffen ab.

Ein groß gewachsener Mann mit hellblauem Hemd und schwarzer Anzugshose betrat den Raum. Er begrüßte uns freundlich und gab jedem die Hand. In der anderen Hand befand sich eine wuchtige Ledermappe. Wir setzten uns alle und er öffnete die Mappe. Er fuhr durch sein graues Haar und begann mit seinen Ausführungen: „Nun gut. Eigentlich waren wir noch nicht soweit, um Anzeige zu erstatten, aber nachdem Sie schon da sind, können wir Klartext reden."

Meine Kollegen und ich sahen uns fragend an und ich gab dem Abteilungsleiter zu verstehen, dass wir zuerst abgleichen sollten, was jede Seite für ein Anliegen hat.

Er setzte fort: „Wir haben Herrn S. bereits schon länger im Visier. Der Grund dafür ist, dass seit über zwei Jahren innerhalb der Firma gestohlen wurde. Hauptsächlich Bargeld, aber auch Druckerpatronen und anderes Büromaterial. Auch 40 Bürostühle fehlen."

Ich erkannte bereits, dass wir komplett verschiedene Sachverhalte hatten, und ich übergab ihm, wortlos, die staatsanwaltliche Anordnung, welche auch den Arbeitgeber des S. betraf. Der Abteilungsleiter las sich die Seiten durch. Je weiter er blätterte, desto blasser wurde seine Gesichtsfarbe. Er sah uns an: „Um Gottes Willen. Mit dem habe ich nicht gerechnet. Warum ein Sachverständiger?" Ich erklärte ihm das Prozedere und gab ihm zu verstehen, dass auch die von S. genutzten Datenträger in der Firma sichergestellt werden müssen. Nachdem unser Gegenüber wieder mehr Farbe im Gesicht hatte, sagte er uns, dass S. gar keinen eigenen Arbeitsplatz habe. Außerdem besitze er auch keinerlei Firmengeräte, da er in der IT-Firma hauptsächlich in der Logistik, genauer in der Verpackungsanlage eingesetzt sei. Dort habe er keinen Zugriff auf firmeninterne Daten, da er die Arbeitsschritte von seinem Vorarbeiter erhalte. Da wir uns der Tragweite bzw. der Glaubwürdigkeit nicht sicher waren, befragten wir den Sachverständigen. Nachdem ein IT-Mitarbeiter der Firma ebenfalls dazukam, konnte einwandfrei festgestellt werden, dass Samuel S. nicht im Firmennetzwerk aktiv war. Auch die Staatsanwaltschaft wurde über dieses Ergebnis sofort telefonisch informiert. Im Einvernehmen mit der Staatsanwältin wurde von einer Durchsuchung der Firma, aufgrund der Verhältnismäßigkeit, abgesehen.

Nach Abschluss der administrativen Details fragte ich den Abteilungsleiter nach dem aktuellen Aufenthaltsort des Beschuldigten. Er lehnte sich in dem Holzstuhl zurück und gab uns bekannt, dass S. seit knapp vier Wochen nicht mehr in der Firma beschäftigt sei.

Für mich war die Aussage überraschend. Ich hätte erwartet, dass S. an seinem Arbeitsplatz angetroffen werde und die Hausdurchsuchung planmäßig ablaufen würde. Nach einer kurzen internen Besprechung beschlossen wir, die Firma zu verlassen und zum zweiten Team hinzuzustoßen. Die Kollegen warteten seit geraumer Zeit vor dem Einfamilienhaus, in dem Samuel S. gemeinsam mit seiner Mutter wohnte. Als wir alle zusammenkamen, ging ich mit einem Kollegen zur Haustüre und klopfte dagegen. Eine resolute ältere Frau mit blauen Jeans und geblümtem Oberteil öffnete uns die Tür. Ihre Haare waren frisch autoupiert, worauf ich schloss, dass sie vor Kurzem beim Friseur war.

Die Dame wirkte auf mich sehr erbost und war definitiv über unseren Besuch nicht erfreut. Sie musterte uns und fragte nach dem Grund unseres Erscheinens. Wir stellten uns vor und zeigten unsere Dienstausweise. Plötzlich unterbrach die Frau uns und sagte, dass wir Karl im Altenheim aufsuchen sollen. Er sei seit einiger Zeit schon dort. Karl S. war Samuels Vater. Er wurde wegen mehrfachen schweren sexuellen Missbrauchs Unmündiger verurteilt und war auch jahrelang eingesperrt. Das Hauptopfer von Karl S. war seine jüngste Tochter. Ich erklärte Samuels Mutter, dass wir nicht wegen Karl, sondern wegen ihres Sohns vor Ort seien. Die Mutter von Samuel wirkte zunächst ein wenig sprachlos, jedoch sagte sie uns kurz und knapp, dass ihr Sohn im örtlichen Park sei. Diese Parkrunden seien seine allmorgendliche Routine.

Mein Kollege versuchte, mit der älteren Dame noch ein paar Worte zu sprechen, da schlug sie uns unerwartet die Tür vor der Nase zu. Wir waren einerseits überrumpelt, andererseits auch ein wenig wütend. Ich ließ mir dieses Verhalten nicht bieten und klopfte erneut gegen die Tür, wenn auch ein wenig heftiger. Sie machte keine Anstalten die Haustüre zu öffnen, trotz Wissens, dass eine Anordnung zur Hausdurchsuchung vorlag. Aufgrund des Glases in der Tür konnte ich ihre Silhouette erkennen. Ich gab ihr zu verstehen, dass eine Anordnung vorlag und sie keinen Widerstand dagegensetzen solle. Eine Anordnung könne auch mit Zwang durchgesetzt werden, was weniger schön sei. Nach einigen Sekunden Stille entgegnete sie uns, dass ihr Sohn gar nicht mehr zu Hause lebe und sie nicht wisse, wo er sei. Wir wussten, dass dies eine glatte Lüge war. Diese Situation war nun heikel. Wir wussten nicht, wo sich Samuel S. tatsächlich aufhielt. Es bestand die akute Gefahr, dass S.' Mutter ihn warnen könnte und dieser in weiterer Folge sämtliche Dateien auf seinem Handy löschen könnte.

Einige Minuten später öffnete sie tatsächlich die Tür und ließ uns in das Haus. Sie entschuldigte sich für ihr Verhalten, sie sei unglaublich überfordert mit der Situation.

Während ein Team die Hausdurchsuchung im Haus durchführte, fuhren ein Kollege und ich zu diesem Park. Dieser „Park" entpuppte sich als großer See mit einem Rundweg. An der Spitze des Sees befand sich ein größeres Gebäude, in welchem die Volksschule untergebracht war. Aufgrund des bisherigen Kenntnisstandes über Samuels Modus Operandi hatte ich eine Ahnung, wo sich dieser am See aufhalten könnte. Und tatsächlich, auf dem Parkplatz der Schule befand sich sein PKW. Im Auto befand sich niemand. Wir gingen in Richtung der Schule und bemerkten einen Mann mit Kappe und einem schwarzen, knielangen Mantel. Er stand in Sichtweite der Schulfenster und fotografierte mit seinem Handy das Gebäude. Mir war bis zu diesem Zeitpunkt nicht bekannt, ob Samuels Mutter ihn vorgewarnt hatte. Wir gingen schnurstracks in seine Richtung und ließen ihn nicht aus den Augen. Es gab mehrere Fluchtmöglichkeiten, die alles andere als einfach zu durchforsten wären. Hinter der Schule lag ein Wald. Knapp 200 m weiter verliefen Bahngleise. Es war einfach für den Beschuldigten zu flüchten und mögliche Beweise zu vernichten.

Als wir bei ihm ankamen, stellten wir uns, einsatztaktisch korrekt, vor ihm auf. Ich zeigte ihm meinen Dienstausweis und stellte sofort sein Mobiltelefon sicher. Ich konnte noch feststellen, dass er in seiner Galerie über 100 Fotos von den Kindern der Volksschule angefertigt hatte, alleine am selben Tag. Laut Zeitlinie begann er mit den Fotos, als die Kinder zur Schule gingen. Weiter fotografierte er die Schüler durch das Fenster. Es gab Aufnahmen von Klassenzimmern und sogar beim Turnen.

Wir erwischten Samuel S. somit bei einer neuen Tat und schritten daher rechtzeitig ein, bevor er wieder einen Schritt weiterging.

Die gescheiterte Existenz

Beim Erstkontakt zwischen einer Kriminalbeamtin und einem Beschuldigten kommt es zumeist zu unterschiedlichsten Reaktionen. Entweder der Täter reagiert überrascht, renitent oder erwartet einen bereits. Manche handeln absolut reaktionslos und zeigen kaum Emotionen. Das haben die verschiedenen Täter in diesem Buch bereits gezeigt.

Samuel S. gehörte eher zu den reaktionslosen Kandidaten. Nachdem er vor der Volksschule am See von uns mit dem Sachverhalt konfrontiert worden war, sagte er zuerst einmal gar nichts. Erst einige Minuten später begann er sämtliche Vorwürfe abzustreiten. Auch sein äußeres Erscheinungsbild war für mich anders, als ich ihn mir vorgestellt hatte. Er wirkte auf mich zehn Jahre jünger, hatte hellblonde Haare, die er seitlich kurz geschoren trug. Er trug Kleidung, die man eher einem Jugendlichen zuordnen könnte und hatte insgesamt ein sehr gepflegtes Äußeres. Neben diesen Punkten stachen aber zwei Merkmale besonders hervor, seine stechend blauen Augen und seine hohe Stimme. Wenn ich meine Augen schloss und nur auf seine Stimme hörte, stellte ich mir einen Jugendlichen mit Stimmbruch vor. Diese hohe Stimme passte auch zur Beschreibung der Mutter und des Kindes vom Flohmarkt, in Bezug auf die zurückliegende Kindesansprache.

Nachdem doch einige Zeit bereits verstrichen war, bewegten wir uns schlussendlich zu unseren Fahrzeugen. S. stieg zu uns in das Dienstauto und ich nutzte sogleich die Gelegenheit, um eine Gesprächsbasis zu ihm aufzubauen. Es dauerte nicht lange, bis Samuel S. begann, über sein Leben zu erzählen. In meiner Tätigkeit als Polizistin bzw. Kriminalbeamtin ist man generell geneigt, viele Aussagen skeptisch zu sehen oder zu hinterfragen. Bei S. kam mir jedoch alles sehr authentisch vor und daher unterbrach ich ihn kaum.

„Irgendwie passt es ja gut zusammen, dass ihr mich erwischt habt. Mein Leben ist am absoluten Tiefpunkt. Ich habe die Anordnung des Gerichts durchgelesen und mir gedacht: Das bin ich nicht. Ich habe nichts Falsches getan, aber die Wahrheit liegt woanders. Ich bin also nicht schuld. Das könnt ihr alle aufschreiben. Mein Vater ist schuld, warum ich so geworden bin. Habt ihr von ihm gehört? Was er getan hat? Was er unserer Familie angetan hat? Er hat uns alle zerstört und sich nicht einmal entschuldigt. Er war sogar so ein Arschloch und hat meiner Mutter die Schuld an seinem Verhalten gegeben. Dieser Mann ist daran beteiligt, dass ich so bin, wie ich eben bin." S. wirkte emotional und seine Stimme bebte zeitweise, als er uns diese Worte als Einleitung zu seinem Leben mitteilte.

Was mir bis zu diesem Zeitpunkt über den Vater von S. bekannt war, wusste ich aus den Akten. Karl S. wurde wegen mehrfachen schweren sexuellen Missbrauchs von zwei Unmündigen zu einer mehrjährigen Haftstrafe verurteilt. Eines der Opfer war Samuels damals siebenjährige Schwester. Diese zeigte den Vorfall gemeinsam mit ihrer Hauptschullehrerin bei der Polizei an, als sie 14 Jahre alt war. Während der damaligen Ermittlungen wurde bekannt, dass Karl S. auch die neunjährige Nachbarstochter schwer sexuell missbrauchte. Dies geschah über einen Zeitraum von fast zwei Jahren.

Nach Verbüßung der Haft kehrte S. zur Familie zurück und lebte bis vor drei Jahren im gemeinsamen Haushalt. So unglaubwürdig diese Vorgehensweise für uns klang, so üblich ist es bis heute. Immer wieder verzeihen Familien dem Täter und geben diesem eine zweite Chance. Besonders dann, wenn es sich um den Alleinverdiener und somit das „Oberhaupt" der Familie handelte. Nicht selten passiert es, dass diese Menschen erneut zu Tätern werden und abermals festgenommen und somit eingesperrt werden.

Während der Fahrt blickte Samuel S. aus dem Fenster und redete weiter. Er konnte mir nicht in die Augen sehen. Seine Tränen liefen die Wange hinunter, wodurch er gezwungen war, diese mit der Hand mehrmals wegzuwischen. Ich gab ihm zu verstehen, dass er alle Angaben auch schriftlich machen könnte. Diesen Satz ignorierte er und redete weiter. Ich holte mir einen Block und einen Stift aus meiner Tasche hervor und machte mir Notizen für die anschließende Niederschrift.

„*Mein Job war das einzige, was ich noch hatte. Er hat mir Kraft gegeben und für mich Sinn gemacht. Die Arbeit war für mich alles und da haben sie mich wegen ein paar Euros hinausgeschmissen. Das kann es einfach nicht sein. Wissen die auch über diese Sache Bescheid?*" Ich sah S. an und nickte, woraufhin er seinen Kopf in Richtung Fenster drehte und wieder hinaussah. Er setzte seine Ausführungen fort: „*Wisst ihr, dass wir in unserer Familie nie darüber gesprochen haben, was Vater meiner Schwester angetan hat? Wir mussten alle schweigen, weil meine Mama immer gesagt hat, dass Menschen Fehler machen und die Familie zusammenhalten muss. Mama hat immer gesagt, dass wir verhungern, weil sie selber kein Geld verdient. Ich habe ihr das geglaubt, daher habe ich ihr nicht gesagt, was ich alles gesehen habe."*

Nun musste ich aufblicken, da ich nun eine Sache erfuhr, die ich nicht aus dem Akt Karl S. kannte und eventuell von Interesse werden konnte.

„Ich wäre heute nicht so eine gescheiterte Existenz, wenn ich die Schreie meiner kleinen Schwester vergessen könnte oder nicht gesehen hätte, als mein besoffener Vater sie aus dem Bett gerissen und in den Wintergarten gezerrt hat. Ich habe noch das Bild vor meinen Augen, als er ihren gelben Pyjama vom Körper gerissen und sie auf den Boden mit seiner Körperkraft gedrückt hat. Sie war ja noch so klein. Wie hätte sie sich denn wehren können? Und dann sagt meine Mutter, als er aus dem Gefängnis herausgekommen ist, dass ich ihm verzeihen solle. Ich kann seine Taten einfach nicht vergessen."
Samuel S. hatte Tränen in den Augen, versuchte aber gleichzeitig, nicht zu weinen zu beginnen. Es fiel ihm sichtlich schwer, über die Erlebnisse seiner Kindheit zu sprechen.

Als die Fahrt zur Polizeiwache beendet war, ließen wir S. in der Durchgangsschleuse zurück, natürlich unter der Beobachtung eines Kollegen. Wie üblich besprachen wir uns im Vernehmungsraum intern über die weitere Vorgangsweise. Es ist für uns Kriminalbeamte immer schwierig, Aussagen von Beschuldigten in einer Ausnahmesituation ordnungsgemäß einzuordnen. Ich persönlich bin bis heute dankbar über die Unterstützung meiner erfahrenen Kollegen, die durchaus ähnliche Situationen in ihrer Laufbahn erlebt hatten. In meinem Fall lehnte sich mein Chef im Stuhl zurück und teilte mir mit, dass wir uns vor der Vernehmung den gesamten Akt des Karl S. nochmals genauer ansehen sollten. Dies war deswegen wichtig, da wir die Aussagen des Beschuldigten in unserer Vernehmung dann ordnungsgemäß bewerten konnten.

In unserem internen System holten wir uns den älteren Akt des Karl S. hervor. Wir lasen sämtliche Vernehmungen, Amtsvermerke, Berichte und sonstige relevante Aktenteile durch. Dabei stellten wir fest, dass die Aussagen von Samuel S. im

Dienstfahrzeug übereinstimmten mit seiner Aussage zum damaligen Zeitpunkt.

Nachdem Karl S. in die Justizanstalt überstellt worden war, begann die psychische Aufarbeitung der Opfer. Dazu zählten alle Kinder von Karl S. und dessen Ehefrau. Da die Vorfälle viele Jahre vor der Anzeigeerstattung stattfanden, gestaltete sich die Hilfe für die betroffenen Personen durchaus schwierig. Dazu muss festgehalten werden, dass die Betreuung von sexuellen Missbrauchsopfern durch Opferschutzeinrichtungen in dieser Zeit erst im Aufbau war und mit der heutigen Qualität nicht vergleichbar war. Die Familie S. musste sich den Psychologen selber organisieren und bezahlen. Nach wenigen Sitzungen wurde die Behandlung aus Kostengründen beendet, auch für die Schwester von Samuel S. Nur aufgrund ihrer Hartnäckigkeit war es möglich, dass sie weiterhin psychologisch betreut wurde und somit die Vorfälle aufarbeiten konnte. Dies wurde auch in den Stellungnahmen der Kinder- und Jugendhilfe so festgehalten.

Speziell zu Samuel S. verfasste die Verwaltungsbehörde einen Bericht, der für mich wichtig war. Zusammengefasst stand in diesem Bericht, dass Samuel S. zweifelsfrei über eine hohe Intelligenz verfügt, aber von seiner Mutter kaum unterstützt wurde. Seine schulischen Leistungen waren unterdurchschnittlich. Nur aufgrund seiner Begabung war es für ihn möglich, die Ausbildung entsprechend zu beenden.

Einige Seiten später wurde über den damals 17-jährigen Samuel S. eine erneute Begutachtung seitens des Jugendamtes durchgeführt. Dabei wurde auch Bezug auf die sexuelle Entwicklung genommen. Die Gutachterin stellte dabei fest, dass der Teenager keinerlei sexuelle Erfahrungen besitzt und auch kein Interesse an einem Geschlecht oder sexueller Begegnung hat. Sie attestierte ihm eine klare Entwicklungsstörung, die in Zusammenhang mit den Geschehnissen in seiner Kindheit in Verbindung stand.

Ich konnte mir mithilfe der vielen Unterlagen einen Überblick des Jugendlichen machen, der mir, knapp 35 Jahre später, nun gegenübersaß.

Trotz hoher Intelligenz arbeitete Samuel S. in einem sehr monotonen Bereich, der ihn kaum herausforderte. Darüber hinaus wohnte er bis zuletzt bei seiner Mutter und hatte kaum bekannte Beziehungen. Ich überlegte mir, ob ich es mit einer tatsächlich gescheiterten Existenz zu tun hatte oder ob er seine Vergangenheit als Ausrede für seine Taten in Bezug auf Online-Kindesmissbrauch vorschob. Schließlich konsumierte er pornografische Darstellungen Minderjähriger bzw. Unmündiger über ausländische Kanäle und zahlte offenbar auch dafür. Und das war, so wie die gesamte bekannte Geschichte, sehr ungewöhnlich. Nach Abschluss der Recherchen waren wir vorbereitet und gespannt auf die Aussage des Samuel S. über die ihm vorgeworfenen Taten.

Der Zusammenbruch

Rein rechtlich betrachtet hat ein erwachsener Beschuldigter während der ganzen Vernehmung das Recht, einen Rechtsanwalt zur Vernehmung beizuziehen. Normalweiser kristallisiert sich relativ schnell heraus, ob die betroffene Person einen Rechtsbeistand benötigt oder nicht.

Samuel S. lehnte vor der Vernehmung die Beiziehung eines Verteidigers mehrmals ab. Nachdem mein Kollege und ich die Vernehmung entsprechend vorbereitet hatten, holten wir ihn in den Raum. Ohne Worte folgte er uns und setzte sich auf den für ihn vorgesehenen Platz. Als dem Herrn die Beschuldigtenrechte von uns vorgelesen wurden, hakte er beim Punkt „Beiziehung eines Verteidigers" plötzlich ein. *„Ja, ich will einen Verteidiger für die Beschuldigtenvernehmung beiziehen. Ich kenne mich nicht aus und ich weiß ja nicht, ob Sie oder Ihr Kollege mich austricksen wollen."* Ich sah den 51-Jährigen mit starrem Blick an, um ihm zu signalisieren, dass ich eine derartige Aussage für unpassend hielt. Generell muss festgehalten werden, dass es durchaus vorkommen kann, dass Beschuldigte während der Vernehmung einen Verteidiger dabeihaben wollen. Das ist auch ihr gutes Recht. Mein Unverständnis bezog sich bei Samuel S. auf die Tatsache, dass er davor genug Möglichkeiten hatte, einen Anwalt zu kontaktieren und er dies mehrmals ablehnte. Darüber hinaus warf er mir und meinem Kollegen vor, dass wir ihn hinter das Licht führen wollten.

Mein erster Eindruck war zu diesem Zeitpunkt, dass er einfach Zeit schinden wollte, da bis zum Eintreffen eines Rechtsanwaltes mehrere Stunden vergehen können.

Samuel S. bestand darauf, sofort einen Rechtsanwalt seiner Wahl zu verständigen. Dieser hatte ihn zehn Jahre zuvor bei einem Zivilverfahren gegen seinen ehemaligen Arbeitgeber vertreten. S. zog aus seiner Geldbörse eine Visitenkarte mit dem Namen des Anwalts und übergab mir diese. *„Bitte rufen Sie ihn an und erklären Sie dem Anwalt, um was es geht. Ich spreche dann weiter"*, sagte er mir im selben Moment. Ich akzeptierte dies und wählte die angeführte Nummer. Nach wenigen Sekunden meldete sich der Anwalt gleich persönlich. In wenigen Sätzen fasste ich den Sachverhalt zusammen und gab dem Rechtsvertreter zu verstehen, warum Samuel S. mit ihm sprechen wollte. Der Anwalt war selber von dem Anruf überrascht, jedoch einverstanden, mit dem Beschuldigten zumindest zu telefonieren. Als ich den Hörer an S. übergab, sah ich, wie dieser stark schwitzte. Der Beschuldigte wiederholte zum Teil meine Sätze und gab dem Anwalt zu verstehen, dass er total unsicher sei und sich nicht auskenne. Nachdem S. seine Ausführungen beendet und mehrmals *„Mhm"* oder *„Ich verstehe"* gesagt hatte, gab er mir, sichtlich bedrückt und mit gesenktem Kopf, den Hörer mit den Worten retour *„Der Anwalt möchte nochmals mit Ihnen sprechen"*. Ich nahm den Hörer entgegen. Der Rechtsanwalt fuhr sogleich los: *„Also, ich habe mit Herrn S. gesprochen und ihm mitgeteilt, dass er aussagen soll. Etwas zu verbergen bringe ihm nichts und schon gar nicht der ganzen Sache. Weiter habe ich dem Herrn S. mitgeteilt, dass ich ihn aus zweierlei Gründen nicht rechtlich vertreten werde. Erstens liegt der Schwerpunkt meiner Kanzlei nicht im Strafrecht. Zweitens vertrete ich keine Kinderschänder oder Leute,* *die sich Kinderpornos ansehen. So etwas habe ich nie getan und werde ich auch nie tun.*" Nach einer schnellen Verabschiedung wurde das Telefonat beendet. Solche Aussagen habe ich schon von einigen RechtsanwältInnen gehört und überraschen mich nicht. Sie lehnen die rechtliche Vertretung in Fällen des Verdachts des schweren sexuellen Missbrauchs von Unmündigen oder Online-Kindesmissbrauchs aus Gewissensgründen ab. Darüber hinaus gibt es besonders in Fällen des Online-Kindesmissbrauchs für die AnwältInnen kaum etwas zu gewinnen. Die Beweislast ist in den meisten Fällen enorm und ein „Hinauswinden" aus der Sache ist, erfahrungsgemäß, kaum möglich. Sollte ein Verteidiger einen Beschuldigten vertreten, dann raten diese ihren Mandanten zu einem Geständnis, was sich zumeist auf das Strafmaß des Beschuldigten positiv auswirken kann.

Ich sah Samuel S. nach dem Telefonat wieder an und fragte ihn, wie er nun weiter vorgehen wolle. Dann kam es für mich zu dem Moment bei Beschuldigten, in denen sie innerlich realisieren, dass eine weitere Leugnung de facto unmöglich ist. Samuel S. begann zu weinen und stammelte irgendwelche undeutlichen Wörter. Grundsätzlich hielt sich mein Mitleid in diesem Fall in Grenzen, da der Beschuldigte einen gewissen Hang zur Theatralik hatte und immer wieder von der Schuld anderer sprach. Außerdem beklagte er sich darüber, dass er alleine sei und niemand ihm helfen wolle.

Nachdem der Weinkrampf beendet war, begannen wir mit der eigentlichen Vernehmung.

Wie in jeder Vernehmung wurde zu Beginn Samuels Lebensgeschichte beleuchtet auch in Hinblick auf die schrecklichen Geschehnisse aus seiner Kindheit. Zusammengefasst lässt sich über den Beschuldigten Folgendes sagen: S. wuchs mit seinen Eltern und seinen Geschwistern am Land auf. Die Familie zog oft um, daher fand Samuel als Kind kaum Freunde. Als er elf Jahre alt war, bekam der junge Bub mit, wie sein Vater mehrmals seine kleinere Schwester schwer sexuell missbrauchte. Seine andere Schwester und sein Bruder mussten ebenfalls dabei zusehen. Das war der Wunsch des Vaters. Nachdem der Vorfall polizeilich bekannt wurde, verbüßte Samuels Vater eine längere Haftstrafe. Während dieser Zeit absolvierte der mittlerweile jugendliche Samuel eine Lehrausbildung zum Logistiker und arbeitete in mehreren Firmen. Nach Ablauf der Haftstrafe kehrte der Vater zurück in den gemeinsamen Haushalt. Zu diesem Zeitpunkt waren die Geschwister bereits ausgezogen, nur Samuel wohnte noch bei den Eltern. Auf die Frage, warum er nicht auszog, grübelte er und sagte dann, dass er seine Mutter nicht alleine lassen wollte. Seinem Vater verzieh er bis zuletzt nie.

Der Beschuldigte hatte nie eine sexuelle Beziehung. Von sich selber behauptete er, sehr schüchtern zu sein und bei engerem Kontakt zu Frauen so aufgeregt zu sein, dass er sexuell völlig gehemmt war. Sein Vater überredete ihn, dass er ein Bordell besuchen solle, um mit 30 einmal sexuelle Erfahrungen zu sammeln. Dieses Erlebnis ging nach hinten los, da auch in diesem Fall keine Erektion möglich war. Die Prostituierte sagte zum Abschied, dass er vielleicht homosexuell sei und er es einmal mit Männern ausprobieren solle. Dies versuchte er umzusetzen und kam nach einigen Männerbekanntschaften zum Schluss, dass er kein Interesse an Männer habe.

Trotz familiärer und persönlicher Schwierigkeiten schaffte er es, beruflich Fuß zu fassen, und arbeitete in der örtlichen IT-Firma. Dort war S. sehr beliebt, da er die Tätigkeiten durchführte, die andere mieden oder gänzlich ablehnten. Er kontrollierte die Verpackungen auf Schadstellen und markierte diese dann. Eine sehr verantwortungsvolle, aber monotone Arbeit. Er arbeitete durchgehend und unterbrach seine Tätigkeit nur aufgrund der vorgeschriebenen Mittagspause. Auf Firmenfeiern war er immer dabei und beschrieb sich selbst als sehr diszipliniert. Am Schluss der Aussage gab er an, dass sich vor drei Jahren etwas änderte, was sich auch in seiner Persönlichkeit widerspiegelte.

Meinem Kollegen und mir waren die Vorwürfe des Arbeitgebers von Samuel S. bekannt und auch der Umstand, dass er beim Diebstahl auf frischer Tat ertappt wurde. Ich sah den Beschuldigten direkt an und fragte: *„Samuel, warum bist du vor Kurzem entlassen worden?"* Er legte sein Gesicht in seine Hände und begann zu weinen. „*Ich bin so ein Idiot. Ich weiß auch nicht, warum ich das getan habe.*" Auf Basis dieses Einstieges begannen wir die Fragen aufzubauen.

F: *Seit wann hast du in der Arbeit gestohlen?*
A: *Das hat vor ungefähr drei Jahren angefangen. Es waren hauptsächlich Kleinigkeiten zu Beginn, wie zum Beispiel Druckerpapier oder Kugelschreiber. Irgendwann haben sich die Dinge in meinem Zimmer gestapelt und in meinem Auto hatte ich auch keinen Platz mehr. Danach habe ich angefangen, die Sachen online zu verkaufen. Es war dann irgendwie eine Sucht, ich konnte damit nicht aufhören.*
F: *Hast du Bargeld aus der Kaffeekassa auch gestohlen?*
A: *Nein, das bestreite ich. Ich habe genug Geld auf der Seite, daher habe ich kein Geld gestohlen. Ich weiß, dass es nicht gut aussieht, wenn ich einerseits sage, dass ich die Sachen auf Onlineplattformen verkauft habe und andererseits ich aber kein Geld gestohlen habe. Ihr müsst mir glauben, ich habe das nicht des Geldes wegen getan.*

Nachdem zumindest in dieser Sache alles gesagt worden war, ging ich zum nächsten Kapitel über, der Lego-Sache und den Kindesansprachen. Mir war bewusst, dass viele Beschuldigte auf diese Fragen ausweichend und ausschweifend antworten, daher habe ich mir ehrlicherweise nicht viel erwartet. Doch S. überraschte mich, wie mehrmals während der gesamten Amtshandlung. Seine Antwort fiel außergewöhnlich aus.

A: *Ja, ich habe das Mädchen angesprochen, da ich erregt war und sie mich befriedigen soll. Ich kann mir nicht erklären warum, aber als mein ekelhafter Vater damals ins Altenheim kam, habe ich bemerkt, dass ich genauso verrückt bin wie er. Anders als er habe ich aber niemanden angegriffen, sondern bin es im Kopf immer wieder durchgegangen. Ich habe auch an Selbstmord gedacht, da ich so nicht weiterleben wollte. Doch ich habe den Gedanken gleich wieder verworfen, da meine Mutter mich doch so dringend zu Hause braucht.*

F: *Wie hast du bemerkt, dass etwas mit dir nicht stimmt?*

A: *Mich hat meine Sexualität nie wirklich interessiert. Jeden Tag, wenn ich nach der Arbeit nach Hause gekommen bin, habe ich meine Lego-Sachen aufgebaut und dann im Haushalt geholfen. Mein Vater hat mir immer Aufgaben gegeben, die ich erledigt habe. Als mir einmal langweilig war, habe ich im Internet gesurft und mir einmal gewisse Filme mit nackten Menschen angesehen, die Geschlechtsverkehr hatten.*

F: *Du meinst Pornos?*

A: *Dieses Wort verwende ich nicht, da es böse ist. Aber ja, darum geht es. Ich war schon angeekelt von den Sachen, die die miteinander machen. Das war auch so grausig, als ich in dem Bordell war, wo mich mein Vater darauf eingeladen hat. Als ich also auf diese Filme geschaut habe, habe ich mich durch verschiedene Seiten durchgeklickt, bis ich auf ein Forum gestoßen bin, wo Männer ihre Fantasien austauschten.*

F: *Nur Fantasien oder auch Bilder und Videos?*

A: *Nur Worte. Keine anderen Sachen. Und da habe ich bemerkt, dass ich so war wie mein alter Herr. Als ich gelesen habe, wie diese Typen neunjährige oder zehnjährige Mädchen auf dem Weg zur Schule ansprachen und diese sich dann von ihnen verwöhnen ließen, habe ich zum ersten Mal eine sexuelle Erektion gehabt. Mein Kopf war ganz anders und ich habe sexuelle Lust gespürt. Ich habe mich dann befriedigt und ich hatte meinen ersten Orgasmus. Danach war es aber nicht mehr so angenehm, da ich mich furchtbar geschämt habe für das, was ich gemacht habe. An diesem Tag wollte ich mich von einer Brücke stürzen, so schlimm ging es mir dabei.*

F: *Wie viele Kinder hast du angesprochen und wann?*

A: *Getraut habe ich mich nur bei drei. Aber ich habe bemerkt, dass Kinder nicht so dumm sind, wie im Forum beschrieben. Die haben da immer geschrieben, dass das so leicht ist und die eh immer mitkommen, aber das war nicht so. Ich muss aber weiter ausholen, damit ihr mich versteht, was ich meine. Mich haben die Worte und später auch die Filme mit Kindern gereizt, aber nicht dauerhaft. Ich habe einen gewissen Zwang in mir gespürt, dass ich das Gelesene und Gesehene auch in die Tat umsetzen will. Natürlich dachte ich mir Geschichten aus. Zuerst habe ich es mit idiotischen Sachen probiert, wie zum Beispiel, dass ich eine kleine Katze im Auto habe und diese sich freuen würde, gestreichelt zu werden. Ein Mädchen ist danach in die Schule zurückgelaufen und ich bin dann davongefahren. Beim zweiten Mal ist ein anderes Kind dazugekommen und ich habe mich nicht getraut weiterzusprechen. Später hat mir im Forum ein Franzose den Tipp gegeben, ich solle mich auf TikTok anmelden, um so in Kontakt mit den Mädchen zu kommen. Aber ich habe gleich bemerkt, dass das nichts für mich ist. Mithilfe meiner Homepage bin ich dann auf die Lego-Sachen gekommen. Das hat ja auch nicht funktioniert.*

F: *Was war dein Ziel dabei?*

A: *Um ehrlich zu sein, ich weiß es bis heute nicht. Ich bin da in etwas hineingerutscht und ich habe mir das alles nicht zu Ende gedacht.*

F: *Wolltest du dir nie Hilfe suchen?*

A: *Keine Ahnung. Phasenweise ging es mir ja besser, besonders dann, wenn ich immer arbeiten gegangen bin. Da habe ich selten bis gar nicht daran gedacht. Diese bösen Gedanken kommen immer dann, wenn ich Urlaub habe oder eben jetzt, keine Arbeit.*

F: *Was hast du dann heute am See bei der Schule gemacht?*

A: *Die Mädchen beobachten, mehr nicht. Was soll ich sonst den ganzen Tag tun? Ich habe nichts mehr.*

Die Aussage von Samuel S. war für mich einerseits infantil naiv, andererseits berechnend und direkt. Ich fragte mich, ob er tatsächlich nur beobachten wollte oder sogar bereit war weiterzugehen. Nachdem er bereits aktiv Kinder ansprach und die Tat nur aufgrund von Zufällen unterbrach, ging ich eher davon aus, dass er Lust auf mehr hatte. Das war aber eine reine Vermutung meinerseits.

Zum Abschluss dieses Vernehmungskapitels fragte ich ihn, was er nun weiter machen wolle. Darauf hatte er keine plausible Antwort, was ich für durchaus gefährlich hielt.

Das World Wide Web

Der eigentliche Grund der gesamten Amtshandlung wurde bis dahin kaum angesprochen. Neben den Diebstählen, den Kindesansprachen und seiner Vergangenheit wurde das Kapitel mit der Online-Kindesmissbrauchsseite noch gar nicht aufgearbeitet. Anders als bei Samuel S.' „Geständnis" der vorherigen Taten, leugnete er zu Beginn die von ihm getätigten Überweisungen mit dem Zweck, ein Monatsabo für eine Pädophilieseite abgeschlossen zu haben.

Während der bisherigen Gespräche zwischen dem Beschuldigten und uns hatte der gerichtlich beeidete Sachverständige die Möglichkeit, Einsicht in das Mobiltelefon des S. zu nehmen. Dabei stieß er auf SMS, die Transaktionen nach Georgien, Armenien, Russland und nach Belarus zeigten. Alle Aktionen wurden zusätzlich als PDF Dokument auf dem Handy gespeichert. Der Sachverständige legte mir den Fund vor und ich begann sogleich, Samuel S. dazu zu befragen.

F: *Was sagen dir Transaktionen nach Russland, Belarus, Georgien und Armenien?*

S. bewegte sich in meine Richtung über den Tisch und sah mich mit seinen eisblauen Augen direkt an.

A: *Das sind Überweisungen, die völlig legal waren und daher nicht verboten.*

Wie so oft und auch während der gesamten Amtshandlung kam in mir ein gewisses Unbehagen auf. Da war sie wieder, diese Veränderung im Verhalten des Beschuldigten. Zuerst weinerlich, danach plötzlich scharf und direkt. Ich verstand es als Taktikmaßnahme des Beschuldigten, nicht direkt darauf zu antworten, sondern sich vorab etwas zu überlegen.
Ich holte mir den ursprünglichen Akt des Bundeskriminalamtes hervor, der der Grund der gesamten Durchsuchungsanordnung der Staatsanwaltschaft war.

F: *Am 30.04. dieses Jahres hast du einen Betrag von € 11,-- an ein*
georgisches Konto überwiesen. Was sagst du dazu?
A: *Ich kann mich daran nicht mehr erinnern. Ich habe schon vorher*
erwähnt, dass alle Überweisungen völlig legal waren.
F: *Und was waren das dann für Überweisungen?*
A: *Muss ich das jetzt sagen? Gibt es nicht so etwas wie ein Bankge-*
heimnis?

Obwohl S. den gesamten Akt kannte und sich auch die Anordnung der Staatsanwaltschaft mehrmals durchgelesen hatte,
wollte er unwissend wirken. Ich erklärte ihm abermals, dass
ein reumütiges Geständnis als strafmildernd vom Gericht be-
wertet werden kann.
Er seufzte laut auf und verdrehte seine Augen.

A: *Ich habe Frauen im Internet bezahlt, damit sie sich filmen, wie*
sie sich auf ihre Hände urinieren. Das ist mir peinlich, weil das
ja nicht so üblich ist.

Der Sachverständige schob mir einen Zettel herüber, auf dem
stand „Überweisungen nach Georgien ab 30.01. monatlich bis
30.09.; Gesperrter Ordner geknackt mit vielen pdf-Dateien mit
Codes für Darknetseiten".

F: *Warum hast du monatlich Geld auf ein georgisches Konto über-*
wiesen?
A: *Ich weiß nichts von Georgien. Ich habe halt viel in den Osten über-*
wiesen, aber das war alles legal. Das habe ich schon gesagt.

Nachdem sich diese Diskussion wieder im Kreis drehte und vom
Beschuldigten keinerlei neue Informationen zu erwarten waren,
handelte ich die restlichen Fragen schnell ab, um die Befragung
abzuschließen. Für mich war es nun an der Zeit, dass sich die
Staatsanwaltschaft mit den Aussagen und der anschließenden
Auswertung ein eigenes Bild vom Fall machen sollte. Dies teilte ich
Samuel S. auch so mit, was er mit Schulterzucken beantwortete.

Nach Beendigung der Vernehmung ohne weitere Erkenntnisse verabschiedete sich S. von uns und sagte zu mir: *„Ich schaue, dass ich mir einen Therapeuten hole. Mein Geständnis hat mich heute dazu gebracht zu verstehen, dass ich unbedingt Hilfe brauche. Das hat sehr gut getan, danke."*

Diese Aussage wirkte auf mich surreal, da von einem Geständnis, meiner Meinung nach, keine Rede sein konnte. Auch die Staatsanwaltschaft wurde mündlich darüber informiert. Diese ordnete an, die Auswertung der sichergestellten Datenträger so schnell wie möglich durchzuführen. Das teilte ich auch dem Sachverständigen so mit.

Tatsächlich ergaben die ersten Ergebnisse der Auswertung ein Bild vom Täter, das er nicht preisgeben wollte. Im Darknet gab sich S. zum Teil sadistisch und skrupellos. Doch es war ein Erstergebnis, mit dem man noch kein Gesamtbild von der Tat hat.

Je nachdem, wie groß die Anzahl der auszuwertenden Daten ist, kann es mehrere Wochen bis sogar Monate dauern, bis ein Gutachten fertiggestellt wird. Dieses Dokument gilt als offizielles Beweismittel, welches für den Beschuldigten belastend, aber auch entlastend sein kann. Im Fall von Samuel S. traf der erste Fall zu, eine klare Belastung. Nicht nur, dass die Anzahl der illegalen Dateien enorm war, auch die europäische-georgische Verbindung war mehr als nur ein Monatsabo für Online-Kindesmissbrauch.

Der gerichtlich beeidete Sachverständige konnte auf den Datenträgern insgesamt 1,2 Millionen Medien mit Missbrauchsabbildungen von Minderjährigen feststellen, darunter über 400.000 Videos. Die Altersspannweite begann ab dem Neugeborenen bis hin zu Teenagern. Ein Großteil der Dateien war zwar bekannt, jedoch konnten fast 100.000 neue illegale Medien festgestellt werden, die offiziell noch nicht in den Polizeidatenbanken erfasst waren. Unter den Dateien befanden sich auch Eigenanfertigungen des S., wobei dies zumeist Aufnahmen von Kindern vor Schulen oder in Freibädern waren.

Erschwerend kam jedoch hinzu, dass die meisten bislang unbekannten Aufnahmen Erwachsene beim Missbrauch von

Kindern zeigten. Auf Basis der Chatverläufe und weiterführenden Analysen konnte somit bewiesen werden, dass S. die Befehle für den Missbrauch der Opfer aussprach. Diese Vorgehensweise war uns Ermittlern nicht neu, da sie in den letzten Jahren immer wieder vorkam.

Der Weg dahin sah wie folgt aus: Über einen Telegram-Chat erhielt S. von einem unbekannten deutschen Staatsbürger einen Link zu einer sogenannten Darknet-Seite. Dort registrierte sich S. mit einer Wegwerf-Mailadresse und chattete zuerst in einem Pädophilenforum. Dort wurden zumeist Missbrauchsfantasien ausgetauscht. Weiter schrieben die User über neue bzw. unveröffentlichte Missbrauchsdateien, die in den gängigen Foren noch unbekannt waren. Dies war die erste Stufe dieser Darknet-Seite.

Um auf die zweite Stufe zu gelangen, war es notwendig, zuerst den Administrator des ersten Forums zu finden und dann in einem weiteren Forum inkriminierte Dateien, als eine Art „Aufnahmeverfahren", zu veröffentlichen. Auch S. absolvierte dieses Aufnahmeritual. Er schrieb den Administrator direkt an und garantierte, mindestens 100 unveröffentlichte Dateien zu besitzen. Der Administrator lud ihn dann zu einem zweiten Forum ein.

In diesem Forum lernte er den User „ChildLoverGator" kennen, mit dem er in englischer Sprache kommunizierte. Dieser Benutzer teilte S. mit, dass es eine Plattform gäbe, auf der er mittels unverdächtiger Überweisungen Menschen anleiten könne, Kinder sexuell zu missbrauchen. Der Beschuldigte zeigte Interesse und daher schickte ihm der englischsprachige User einen Link, den er über das reguläre Internet öffnen konnte. Nach mehreren Schritten gelangte Samuel S. auf die gesuchte Seite. Das Monatsabo für Fotos und Videos mit Missbrauchsabbildungen von Kindern betrug € 10,–. Diese Summe wurde von S. auf ein georgisches Konto überwiesen. Es wurde von dem besagten Chatpartner explizit darauf hingewiesen, dass als Verwendungszweck „Ehrenamtliche Kinderhilfe Georgien" angegeben werden sollte. Damit sollten Fragen seitens der Bankmitarbeiter vermieden werden. Nachdem S. das Geld überwiesen hatte, wurde ihm ein Link übermittelt, mit dem man in den Chat einsteigen konnte.

Üblicherweise dauerte der Vorgang von der Bezahlung bis zur Linkbekanntgabe ca. 48 Stunden. In S.' Fall bekam er den Zugang zu einer sadistischen Onlinewelt mit Tausenden Missbrauchsabbildungen von Kindern und Jugendlichen. Insgesamt überwies S. acht Geldbeträge auf dieses Konto. Erschwerend hinzu kam, dass ein Geldtransfer € 100,– ausmachte. Es konnte vom Sachverständigen nachgewiesen werden, dass es sich dabei um Spezialwünsche des S. handelte. Er konnte eine Mutter anleiten, ihre zweijährige Tochter sexuell zu missbrauchen. Opfer und Täter befanden sich augenscheinlich im asiatischen Raum. Die Mutter des Kindes sprach schlecht Englisch.

Interne Recherchen zu dieser Internetseite ergaben, dass diese Plattform für weitaus ekelhaftere und grausamere Vorgänge bekannt war. So konnte man gegen Geld Kinder käuflich erwerben oder sogar Personen dafür bezahlen dass sie Kinder zu Tode vergewaltigen. Für uns Ermittler war es schlicht grauenhaft, was hier alles möglich war. Derartige Aufträge wurden aber nicht mit Monatsabo abgeschlossen, sondern mithilfe Bitcoin-Überweisungen im sechsstelligen Dollarumfang.

Dies ist das grausliche Ausmaß des World Wide Web, über das behauptet wird, dass alles möglich ist. Eine Welt, die Samuel S. faszinierte und auch sexuell erregte.

Der Abschluss

Der Fall Samuel S. war für mich als Ermittlerin besonders erschreckend. Ein nach außen hin ruhiger, hilfsbereiter und auch freundlicher Mann, der offensichtlich ein großes psychisches und sexuelles Problem hatte.

Anhand seiner Familiengeschichte ist man geneigt, diese als „Ausrede" für seine Taten heranzuziehen. Das greift aber viel zu kurz und macht es uns leicht.

Samuel S. hätte die Möglichkeit gehabt, mit verschiedenen Therapeuten über seine Neigungen zu sprechen. In seiner Vernehmung äußerte er, dass er keine Notwendigkeit gesehen habe, über seine Gedanken zu sprechen. Er habe diese kontrollieren können. In ähnlich gelagerten Fällen oder bei Männern, die wegen anderer Probleme eine psychische Therapie in Anspruch nehmen, wird bewusst nicht auf die verbotenen Gedanken eingegangen. Zumeist aus Schamgefühl.

Der Beschuldigte S. steigerte sein fehlgeleitetes Verhalten von Jahr zu Jahr. Er ging sogar so weit, gezielt Unmündige anzusprechen, um diese sexuell schwer zu missbrauchen. Nur aufgrund glücklicher Umstände kam es nie zu einem tatsächlichen Übergriff. Erschreckend war jedoch, dass es für den Täter eine Alternative gab, nämlich die Welt des Online-Kindesmissbrauchs im sogenannten World Wide Web.

Für uns regionale Ermittler bietet sich in solchen Fällen ein seltener Einblick in die grausamen Möglichkeiten des Internets, egal ob im Darknet oder auf öffentlich zugänglichen Seiten. Pädophile können auf diesem Weg ihre Fantasien vollumfänglich ausleben, ohne selbst Hand anlegen zu müssen. Sie bestimmen andere dafür, die auch dafür bezahlt bekommen. Genau in so einer Welt lebte Samuel S. mithilfe Überweisungen auf ausländische Konten. Eine Welt voller pornografischer Darstellungen Minderjähriger, Chats mit „Gleichgesinnten" und dem Austausch von Fantasien, sowie auch Anleitungen, durch andere Personen ein unmündiges Opfer sexuell zu missbrauchen. Für den gerichtlich beeideten Sachverständigen war die Auswertung mehr als belastend, weil die große Anzahl an Dateien teilweise sehr brutal war.

Nachdem mich der Akt sehr beschäftigte und meine volle Aufmerksamkeit auf mich zog, habe ich mir die Mühe gemacht, die nicht „verseuchten" Datenträger persönlich an S. wieder auszufolgen.

Beim ersten Aufeinandertreffen nach der Einvernahme bzw. der Hausdurchsuchung teilte mir Samuel S. mit, dass er zu einer bedingten Haftstrafe sowie einer hohen Geldstrafe verurteilt worden sei, jedoch mit der Auflage, dass er sofort eine psychiatrische Hilfe in Anspruch nehmen solle. Dies führte der Verurteilte sofort durch und er wirkte auf mich verändert. Seine Mutter stand neben ihm und lächelte durchgehend.

„Ich bedanke mich dafür, dass Sie und Ihr Team mir die Augen geöffnet haben. Ich war einfach krank und eine Gefahr für die Gesellschaft, besonders für Kinder. Die Therapie wirkt Wunder, ich fühle mich wie ein anderer Mensch. Ich habe eine neue Arbeit und bin von zu Hause ausgezogen. Ich kann auch über Gefühle sprechen und verstecke mich nicht mehr im Zimmer. Außerdem habe ich auch keinerlei Computer oder Smartphones. Auch aus Selbstschutz. Ich will nie wieder so etwas erleben. Ich bin nicht wie mein Vater!"

Dazu muss ich sagen, dass derartige Aussagen von Personen nach Gerichtsurteilen in diesen Fällen häufig vorkommen. Auch im Fall S. machte mich das Gesagte sehr stutzig. Ich war mir nicht sicher, ob er die Tragweite seiner Handlungen eigentlich auch wirklich verstand. Verurteilte Sexualstraftäter neigen nicht selten zu Rückfällen, wobei sie meistens ihre Tathandlungen anpassen. Sie wollen nicht erneut von der Polizei erwischt werden.

Somit schloss sich auch dieser Fall für mich in der Hoffnung, weitere Kinder vor Online-Kindesmissbrauch geschützt zu haben. Darüber hinaus wurde wieder ein Täter, vorläufig, aus dem Verkehr gezogen.

Dieser abschließende Fall war für mich als Autor auch die erstmalige Möglichkeit direkt mit einem Täter zu sprechen. Ich wusste bis zu diesem Zeitpunkt nicht was mich erwartete. Als ich Samuel S. traf war ich völlig überrascht, wie harmlos dieser auf mich wirkte. Weder trat er unpassend auf, noch hatte er irgendwelche anderen Auffälligkeiten, die mich irritierten. Die Inhalte des Gesprächs mit S. flossen in die Geschichte der Ermittlerin ein.

DAS ENDE KOMMT VOR DEM ANFANG

In diesem Buch wurden fünf erschütternde Fälle detailliert beleuchtet, um die Hintergründe und Ursachen dieser besorgniserregenden Entwicklung zu verstehen. Dieses Buch dient nicht nur dazu, die dunklen Aspekte unserer digitalen Welt aufzudecken und zu beleuchten, sondern auch dazu, den LeserInnen aufzuzeigen, wie wichtig es ist, frühzeitig auf Warnsignale zu achten und Präventionsmaßnahmen zu ergreifen.

In diesem finalen Kapitel beginne ich gleich mit der Eingangsfrage des Buches: *Warum werden Männer zu (Online-)Tätern?*

Die fünf dargestellten Fälle geben zu dieser Ausgangsfrage eine ziemlich plausible Antwort: *Weil Täter die Hilfe nicht in Anspruch nehmen wollen.*

Allen Beschuldigten, egal ob jung oder alt, war bewusst, dass etwas mit ihnen nicht stimmte. Sie spürten die innere Verwirrung und keiner von ihnen konnte sich erklären, warum sie von pornografischen Darstellungen Minderjähriger oder Unmündiger warum sie sexuell so erregt wurden. Sie konnten nicht verstehen, warum für sie Kinder attraktiver sind als Erwachsene. Jeder von ihnen hatte sich, zumindest online, mit dem Thema einer möglichen Therapie auseinandergesetzt, aber niemand hat tatsächlich den nächsten Schritt gemacht und Hilfe in Anspruch genommen. Dies belegten auch sämtliche Auswertungen der vorhandenen Datenträger.

Es ist keine Frage der Intelligenz, des sozialen Status oder des Alters, ob man bereit ist, sich den Problemen zu stellen und einen Therapeuten aufzusuchen. Es ist eine Frage des eigenen WOLLENS.

Für mich als Autor ist es bis jetzt unerklärlich, warum die männlichen Beschuldigten, während fast jeder Vernehmung, emotional derart zusammenbrechen und gleich von sich aus angaben, dass sie schlussendlich bereit sind, Hilfe anzunehmen. Auch hartgesottene ErmittlerInnen konnten sich absolut nicht in die Köpfe der Täter hineinversetzen, obwohl sie jeden Satz der Einvernahmen geduldig festhielten.

Die nächste Frage, die ich mir bei Reflexion der Amtshandlungen stelle, ist, ob die Männer weitergetan hätten. Die Antwort darauf wäre wahrscheinlich JA gewesen. In allen fünf Fällen bewegte sich der Tatzeitraum über eine längere Zeit hindurch. „Kurzfristige" Täter gab es großteils nicht. Meine Annahme wurde auch von allen ErmittlerInnen der Fälle bestätigt.

In mehreren Gesprächen mit TherapeutInnen, ÄrztInnen und auch anderen Betroffenen habe ich viele Antworten auf das WARUM gehört. Doch eine Aussage eines Sexualtherapeuten blieb mir im Gedächtnis: *„Männer verdrängen Signale in ihrem Kopf, wenn es für sie unangenehm wird!"* Dieser Therapeut arbeitet schon viele Jahre mit Online-Kindesmissbrauchstätern zusammen und kam zu dieser Conclusio. Auch ich kann das nur bestätigen.

Doch was kann dagegen getan werden? Es gibt dazu viele Antworten, aber es wäre oftmals einfacher hinzuschauen, hinzuhören und dann schlussendlich zu handeln. Nicht nur die Täter können etwas dagegen tun, sondern auch deren Angehörige. Es gibt viele Beratungsangebote, die alle online abrufbar sind. Auch Notdienste helfen bei akuten Fragen und das völlig anonym. Hierbei möchte ich auch die positiven Seiten des Internets hervorheben.

Jeder abgeschlossene Fall und die damit einhergehende Sichtbarkeit der Online-Missbrauchstäter schützt potenzielle Opfer. Sobald bekannt wird, dass ein Mann zum Täter wurde, dann wird sich definitiv er selber und sein gesamtes Umfeld ändern. Das führt oft dazu, dass sich Männer mit den von ihnen begangenen strafbaren Handlungen auseinandersetzen müssen und das auf eine sehr unangenehme Art und Weise. Diese Art von therapeutischer Aufarbeitung wird wesentlich schmerzhafter, aber unvermeidbar. Innerhalb von Justizanstalten ist das Leben von Sexualstraftätern härter als für manch andere Insassen. Ihr „Ansehen" innerhalb der Mauern ist sehr niedrig.

Männer, die derartige Neigungen haben, müssen sich entscheiden, ob sie weiterhin auf illegalem Pfade wandeln und so lange weitermachen, bis sie von den Behörden erwischt werden oder etwas tun, damit es soweit gar nicht kommt, dass sie zu Tätern werden. Egal, für welchen Schritt sich jede Person entscheidet, jedes Ende bedeutet einen neuen Anfang. Der Abschluss eines Aktes bedeutet für alle ErmittlerInnen das Ende des Falles, für den Beschuldigten beginnt aber der Anfang eines neuen Lebens, sofern er sich seiner Problematik stellt. Und das müssen sich alle handelnden Personen vor Augen halten.

Ich hoffe, dass die präsentierten Fälle dazu beitragen, das Bewusstsein zu schärfen und die notwendigen Schritte zu unternehmen, einerseits die Sicherheit der Kinder im Internet zu gewährleisten und andererseits mögliche Täter von strafbaren Handlungen abzuhalten. Es ist unerlässlich, dass Eltern, LehrerInnen, Angehörige und die Gesellschaft als Ganzes zusammenarbeiten, um eine sichere Online-Umgebung für alle Beteiligten zu schaffen. Dieses Buch soll ein erster Schritt in die richtige Richtung sein, um die Verbreitung von Online-Kindesmissbrauch zu bekämpfen und auch Männern, die mit sich selbst kämpfen, die notwendige Hilfe anzubieten.

FÜR AUTOREN A HEART FOR AUTHORS À L'ÉCOUTE DES AUTEURS ΜΙΑ ΚΑΡΔΙΑ ΓΙΑ ΣΥΓΓΡ
FÖR FÖRFATTARE UN CORAZÓN POR LOS AUTORES YAZARLARIMIZA GÖNÜL VERELIM SZÍ\
PER AUTORI ET HJERTE FOR FORFATTERE EEN HART VOOR SCHRIJVERS TEMOS OS AUTO
ZÖINKERT SERCE DLA AUTORÓW EIN HERZ FÜR AUTOREN A HEART FOR AUTHORS À L'ÉCOU'
ΛΟ ВСЕЙ ДУШОЙ К АВТОРАМ ETT HJÄRTA FÖR FÖRFATTARE Á LA ESCUCHA DE LOS AUTOR
KAPΔIA ΓΙΑ ΣΥΓΓΡΑΦΕΙΣ UN CUORE PER AUTORI ET HJERTE FOR FORFATTERE EEN H
ZERZÖINKÉRT SERCE DLA AUTORÓW EIN HERZ FÜR
RACÃO ВСЕЙ ДУШОЙ К АВТОРАМ ETT HJÄRTA FÖF

Der Autor

Der Autor, Benjamin Haas, wurde in Österreich
geboren und ist dort aufgewachsen. Seit seiner
Schulzeit beschäftigt sich Benjamin Haas mit dem
Phänomen des (Online-)Kindesmissbrauches, von
Beginn der Massennutzung des Internets bis zur
aktuellen Entwicklung von künstlicher Intelligenz.
Nach seinen universitären Abschlüssen widme-
te sich der Autor der Erforschung der wahren
Gründe der männlichen Täter. Dafür bereiste er
den deutschsprachigen Raum, sprach mit Tätern,
Angehörigen, ErmittlerInnen und Sozialarbeiter-
Innen. Im Zuge dessen wurde Benjamin Haas mit
verschiedenen Phänomenen des Themas „(Online-)
Kindesmissbrauch" konfrontiert. Aufgrund dieser
Tatsache entstand dieses Buch. Seine Freizeit ver-
bringt Benjamin Haas gerne mit der Familie und
seinen Freunden. Sein besonderes Interesse gilt
dem nationalen und internationalen Politikgesche-
hen und der Kriminologie. „Tatort Kinderzimmer"
ist sein erstes veröffentlichtes Buch.

Der Verlag

*Wer aufhört
besser zu werden,
hat aufgehört
gut zu sein!*

Basierend auf diesem Motto ist es dem novum Verlag
ein Anliegen, neue Manuskripte aufzuspüren, zu veröffentlichen und deren Autoren langfristig zu fördern.
Mittlerweile gilt der 1997 gegründete und mehrfach
prämierte Verlag als Spezialist für Neuautoren in
Deutschland, Österreich und der Schweiz.

**Für jedes neue Manuskript wird innerhalb we-
niger Wochen eine kostenfreie, unverbindliche
Lektorats-Prüfung erstellt.**

Weitere Informationen zum Verlag und
seinen Büchern finden Sie im Internet unter:

www.novumverlag.com